해커스 감정평가사

여지훈

감정평가실무

2차 핵심요약집

해커스

서문

감정평가사의 길을 걷고 있는 모든 분들의 합격을 진심으로 기원합니다.

감정평가사 합격과 함께 PASS 감정평가실무 시리즈의 집필을 맡게 된 지 어느덧 10여 년이 훌쩍 넘었습니다. 가치의 전문가로서, 합격을 위한 멘토로서 매진해왔던 지난 시간을 돌이켜보면 참으로 치열했고, 또 보람찼던 매순간들이었습니다.

2025년의 시작과 함께 새로운 도전을 시작했습니다. 세경감정평가법인을 설립하여 감정평가업계의 리더 중 한명으로서 활동을 시작하였습니다. 그리고 보다 나은 환경에서 후학을 양성하고자 해커스 교육그룹에 합류하였고, 9판까지 이어져 온 PASS 감정평가실무 시리즈를 전면 개정하여 해커스 감정 평가실무 시리즈로 새로이 선보이게 되었습니다.

이 책은 '해커스 감정평가실무 기본서'의 서브노트 형식의 요약집으로서, 수험자가 별도의 시간과 노력을 들여서 서브노트를 만들 필요가 없도록 정리해놓은 책입니다. '기본서'로 전체 내용을 충분히 이해하고 숙지한 뒤, 이 '핵심요약집'을 통해 갈무리와 암기를 병행한다면, 보다 효율적인 수험공부와 함께 여러분들의 합격의 밑거름이 될 것이라고 반드시 확신합니다.

본 교재 『해커스 감정평가사 여지훈 감정평가실무 2차 핵심요약집』의 특징은 다음과 같습니다.

1. 현행 최신 규정, 판례, 이론 등 전체 수록

2025년 3월 현재까지 감정평가실무와 관련 법규의 제·개정사항뿐만 아니라 한국감정평가사협회에 서 제정하는 지침 및 매뉴얼의 개정사항 및 최근 변경된 판례의 내용 또한 모두 반영하였습니다.

최근 빈번하게 개정된 「감정평가 실무기준」의 변경사항을 모두 수록하였으며, 새로이 제정된 「감정평 가 실무매뉴얼 : 도시정비평가편」과 「감정평가서 적정성 검토 지침」의 내용 중에서 수험에 필요한 사 항은 모두 반영하였습니다. 또한 판례나 유권해석, 협회 업무연락 등 공식적인 서적으로 만나보기 힘 든 내용 또한 꼭 필요한 것은 수록하여 감정평가실무이론의 빈 공간이 없도록 책을 구성하였습니다.

한 번에 합격!

해커스 감정평가사
합격 시스템

2. 「감정평가 실무기준」의 체계에 따른 구성

「감정평가 실무기준」은 우리 감정평가의 체계를 가장 잘 정리해놓은 규정입니다. 이 책은 「감정평가 실무기준」의 체계에 따라 "대목차 - 소목차"를 배치하여, 큰 틀로 보아서는 우리 감정평가실무의 전체 시험 범위에 대해 큰 숲을 볼 수 있게 구성하였고, 미시적인 부분에서는 논리적인 흐름에 따라 이해를 쉽게 할 수 있도록 안배해 놓았습니다.

보다 효율적인 공부를 위해서는 우선 목차를 활용하여 시험 범위와 전체 흐름을 파악한 뒤, 개별적인 논점들에 대해 이해하려고 노력한다면 빠른 성취를 볼 수 있을 것이라 생각합니다.

3. 숙지와 암기가 쉬운 형식 및 서브노트 형식 채택

가급적이면 표의 형식 및 산식의 형태로 내용을 정리하여 한 눈에 들어오도록 하였고, 기존에 수험계에서 통상적으로 쓰고 있는 두문자는 정리하여 각 부분에 표시하였습니다. 또한 서브노트 수준으로 최대한 요약하여 ① 처음 공부에 입문하는 분들에게는 감정평가실무의 방대한 양을 줄여 시작부터 부담을 느끼지 않도록 ② 한창 공부에 매진하는 분들에게는 가볍게 들고 다니면서 시간을 최대한 효율적으로 활용할 수 있도록 ③ 최종적으로 시험장에서 시험 보기 직전에 한 번 더 보는 책이 될 수 있도록, 책의 내용을 구성하였습니다.

4. 「감칙」, 「토지보상법 시행규칙」 등 필수 암기 조문 병기

이 책은 필수적으로 암기해야 할 조문들을 해당 내용에 빠짐없이 기입해 놓았습니다. 답안지에 자주 표현해야 할 법규로서는 「감칙」, 「토지보상법 시행규칙」이 주가 됩니다. 이 책을 볼 때마다 조문들을 눈에 익히게 되고, 그에 따라 답안지에 조문들이 보다 쉽게 현출될 것이며, 답안지에 표현된 조문들은 곧 여러분들의 고득점 점수를 구성하게 될 것이라고 생각합니다.

이 책이 열심히 공부에 매진하는 모든 분들에게 도움이 되길 바라며, 책이 발간될 수 있도록 정말 힘써주신 해커스 교육그룹 임직원 여러분, 책의 내용이 제대로 구성될 수 있도록 많은 도움을 주신 최기성 감정평가사님 및 선후배 감정평가사님들, 새로운 도전에 큰 도움과 응원을 주신 리북스 진재형 대표님, 그리고 항상 저에게 용기와 희망을 주는 사랑하는 나의 아내와 가족에게 진심으로 감사의 말씀을 드립니다.

2025. 3. 呂知勳

목차

PART 03 목적별 감정평가 등

PART 01
감정평가의
기초

01 기본 사항

■ 감정평가 관련 법규 등 체계도

일반 감정평가		
감정평가 및 감정평가사에 관한 법률(감정평가법)		
감정평가 및 감정평가사에 관한 법률 시행령		
감정평가 및 감정평가사에 관한 법률 시행규칙		감정평가에 관한 규칙(감칙)
감정평가 실무기준		
감정평가 실무기준 해설서 I (총론편)	감정평가 실무매뉴얼 - 임대료 감정평가편 - 담보평가편 - 도시정비평가편 - 동산담보평가편	감정평가서 적정성 검토 지침 공동주택 분양가격 산정을 위한 택지평가지침 등

보상 감정평가		
공익사업을 위한 토지 등의 취득 및 보상에 관한 법률(토지보상법)		
공익사업을 위한 토지 등의 취득 및 보상에 관한 법률 시행령		
공익사업을 위한 토지 등의 취득 및 보상에 관한 법률 시행규칙		
감정평가 실무기준		
감정평가 실무기준 해설서 II (보상편)	토지보상평가지침 영업손실보상평가지침 송전선로부지 등 보상평가지침 등	감정평가 실무매뉴얼 - 어업권 등 보상평가편

가격공시 평가 / 산정		
부동산 가격공시에 관한 법률(부동산공시법)		
부동산 가격공시에 관한 법률 시행령		
부동산 가격공시에 관한 법률 시행규칙		
표준지의 선정 및 관리지침 표준지공시지가 조사 · 평가 기준	표준주택의 선정 및 관리지침 표준주택가격 조사 · 산정 기준	공동주택가격 조사 · 산정 기준

그 밖의 관련 법령
도시 및 주거환경정비법, 국유재산법 등

2 화폐의 시간가치

계수	목적	수식	각 계수간 관계
일시불의 내가계수 (FVF)	현재 1원의 n년 후 금액	$(1+r)^n$	PVF의 역수
일시불의 현가계수 (PVF)	n년 후 1원의 현재 금액	$\dfrac{1}{(1+r)^n}$	FVF의 역수
연금의 내가계수 (FVAF)	매년마다 1원씩 n년 동안 적립할 경우 n년 후 그 합계액	$\dfrac{(1+r)^n-1}{r}$	FVF의 합계 SFF의 역수
연금의 현가계수 (PVAF)	매년마다 1원씩 n년 동안 적립할 경우 그 합계의 현재금액	$\dfrac{(1+r)^n-1}{r\times(1+r)^n}$	PVF의 합계 MC의 역수
감채기금계수 (SFF)	n년 후 1원을 만들기 위해 매년 적립해야 할 금액	$\dfrac{r}{(1+r)^n-1}$	FVAF의 역수
저당상수 (MC)	현재 1원을 n년 동안 갚을 경우 매년 갚아야 할 원금과 이자의 합계액	$\dfrac{r\times(1+r)^n}{(1+r)^n-1}$	PVAF의 역수
상환비율 (P)	n년 동안 빌린 전체대출원금 중 t년이 지난 시점까지 갚은 원금	$\dfrac{(1+r)^t-1}{(1+r)^n-1}=\dfrac{MC_n-r}{MC_t-r}$	-
잔금비율	n년 동안 빌린 전체대출원금 중 t년이 지난 시점에서 남은 원금	$1-P$	-
K계수	현재의 1원이 매년 g씩 일정 비율만큼 t년 동안 증감한다면 현재 1원의 연평균 금액	$\dfrac{1-(\dfrac{1+g}{1+y})^t}{(y-g)\times PVAF_{(y,t)}}$	-

※ 모든 현금흐름은 기간 말 실현 기준

※ 기간 초 실현 시: FVAF · PVAF × (1 + r) / SFF · MC × $\dfrac{1}{(1+r)}$

※ MC = r + SFF

3 지적 관련 사항

1. 길이

km	m	cm
1,000m	1	1/100m

2. 면적

(1) meter법

km²	ha	a	m²
1,000,000㎡	100a	100㎡	1

(2) 척관법

정	단	무	보(평)	홉	작	재
3,000평	300평	30평	1	1/10평	1/100평	1/1,000평

※ 평 × 400/121 ⇨ ㎡

3. 축척

축척이 1 : 25,000인 경우, 도면상 1cm는 실제로 25,000cm, 즉 250m

4 도로조건

광대로	중로	소로	세로(가)	세로(불)	맹지
폭 25m 이상	12m 이상 25m 미만	8m 이상 12m 미만	8m 미만 (자동차 통행 가능)	8m 미만 (자동차 통행 불능)	접면도로 없음

※ 8m: 소로, 12m: 중로, 25m: 광대로
※ 세로(불)은 각지로 보지 아니함[세각(불) 제외]
※ 동일노선의 도로 폭이 일정하지 않은 경우, 많은 부분을 차지하는 도로 폭 기준
※ 이면도로는 각지로 봄 / 준각지는 각지로 보지 아니하되, 교행이 가능한 경우는 각지로 봄
※ 고속도로 등 직접 진출입 불가능한 도로는 접면도로로 보지 아니함
※ 계단도로, 보행자도로, U턴이 불가능한 막다른 도로는 한 단계 낮은 도로로 봄
※ 소로3류는 세로(가)임

5 지형, 지세

1. 지형(형상)

① 정방형: 양변 길이 비율이 1 : 1.1 내외

② 장방형: 가로장방형 · 세로장방형

③ 사다리형: 최소외접직사각형의 면적손실 1/3 미만

④ 부정형: 최소외접직사각형의 면적손실 1/3 이상

⑤ 자루형

2. 지세(고저)

① 저지: 간선도로 등보다 현저히 낮음

② 평지: 비슷, 경사도 미미

③ 완경사: 높고 경사도 15도 이하(15도: 완경사)

④ 급경사: 높고 경사도 15도 초과

⑤ 고지: 현저히 높음

6 감정평가상 각 단위의 표시

1. 시점수정치

0.00000(소수점 이하 5자리까지 표시, 6자리에서 반올림)

2. 지역 / 개별요인 비교치

0.000(소수점 이하 3자리까지 표시, 4자리에서 반올림)

3. 그 밖의 요인 보정치

0.00(소수점 이하 2자리까지 표시 / 절사 or 5단위 정리)

4. 단가표시(십세만두)

① 11,000원/㎡(10만원 미만인 경우, 유효숫자 2자리까지 표시)

② 111,000원/㎡(10만원 이상인 경우, 유효숫자 3자리까지 표시)

7 시점수정 종합

대분류	물건 구분	시점수정 자료	시점수정방법
가액	토지	지가변동률	변동률법
		생산자물가지수	지수법 (전월 원칙, 15일 당월 예외)
	주거용 (아파트, 연립주택, 다세대주택)	유형별 매매가격지수	지수법 (전월 원칙)
	오피스텔	오피스텔 매매가격지수	지수법 (전월 원칙)
	비주거용 (구분상가, 업무시설, 지식산업센터, 특수부동산)	자본수익률 (오피스, 중대형상가, 소규모상가, 집합상가)	변동률법
	건물	유형별 건설공사비지수	지수법 (당월 원칙)
	도입기계	도입기계 기계가격보정지수	지수법
임대료	주거용 (아파트, 연립주택, 다세대주택)	유형별 전월세통합지수	지수법 (전월 원칙)
	오피스텔	오피스텔 전세가격지수, 오피스텔 월세가격지수	지수법 (전월 원칙)
	비주거용 (구분상가, 업무시설, 지식산업센터, 특수부동산)	임대가격지수 (오피스, 중대형상가, 소규모상가, 집합상가)	지수법

02 감정평가 절차

감정평가 절차

1. 기본적 사항의 확정
2. 처리계획 수립
3. 대상물건 확인
4. 자료수집 및 정리
5. 자료검토 및 가치형성요인의 분석
6. 감정평가방법의 선정 및 적용
7. 감정평가액의 결정 및 표시

※ 기본적 사항의 확정(감칙§9①)
의뢰인 / 대상물건 / 감정평가 목적 / 기준시점 / 감정평가조건 / 기준가치 / 관련 전문가에 대한 자문 또는 용역에 관한 사항 / 수수료 및 실비에 관한 사항

※ 감정평가 목적
담보평가, 경매평가, 도시정비평가, 재무보고평가, 보상평가, 시가참조평가 등

※ 기준시점

가액	일반 원칙 (감칙§9②)	원칙	가격조사완료일(의뢰일, 작성일, 발송일 등 X)	
		예외	기준시점을 미리 정하였을 때에는 그 날짜에 가격조사가 가능한 경우에만 기준시점으로 할 수 있음	
	보상평가		협의 당시 or 수용(사용)재결 당시	
	도시정비평가	종전자산평가	사업시행계획인가고시일	
		종후자산평가	분양신청기간만료일 or 의뢰인 제시일	
		국공유처분평가	사업시행계획인가고시일 3년 이전	사업시행계획인가고시일
			사업시행계획인가고시일 3년 후	가격조사완료일
		매도청구평가	법원제시일	
		수용등평가	협의 당시 or 수용(사용)재결 당시	
임대료			임대료 산정기간의 초일	

03 감정평가서

1 필수적 기재사항

1. 감정평가법인등의 명칭
2. 의뢰인의 성명 또는 명칭
3. 대상물건(소재지, 종류, 수량, 그 밖에 필요한 사항)
4. 대상물건 목록의 표시근거
5. 감정평가 목적
6. 기준시점, 조사기간 및 감정평가서 작성일
7. 실지조사를 하지 않은 경우에는 그 이유
8. 시장가치 외의 가치를 기준으로 감정평가한 경우에는 ① 해당 시장가치 외의 가치의 성격과 특징 ② 시장가치 외의 가치를 기준으로 하는 감정평가의 합리성 및 적법성. 다만, 법령에 다른 규정이 있는 경우에는 해당 법령을 적는 것으로 갈음할 수 있다.
9. 감정평가조건을 붙인 경우에는 그 이유 및 감정평가조건의 합리성, 적법성 및 실현가능성의 검토사항. 다만, 법령에 다른 규정이 있는 경우에는 해당 법령을 적는 것으로 갈음할 수 있다.
10. 감정평가액
11. 감정평가액의 산출근거 및 결정 의견
12. 전문가의 자문등을 거쳐 감정평가한 경우 그 자문등의 내용
13. 그 밖에 이 규칙이나 다른 법령에 따른 기재사항

2 감정평가액의 산출근거 및 결정 의견

1. 적용한 감정평가방법 및 시산가액 조정 등 감정평가액 결정 과정
1의2. 거래사례비교법으로 감정평가한 경우 비교 거래사례의 선정 내용, 사정보정한 경우 그 내용 및 가치형성요인을 비교한 경우 그 내용
2. 공시지가기준법으로 토지를 감정평가한 경우 비교표준지의 선정 내용, 비교표준지와 대상토지를 비교한 내용 및 그 밖의 요인을 보정한 경우 그 내용
3. 재조달원가 산정 및 감가수정 등의 내용
4. 적산법이나 수익환원법으로 감정평가한 경우 기대이율 또는 환원율(할인율)의 산출근거
5. 제7조 제2항부터 제4항까지의 규정에 따라 일괄감정평가, 구분감정평가 또는 부분감정평가를 한 경우 그 이유
6. 감정평가액 결정에 참고한 자료가 있는 경우 그 자료의 명칭, 출처와 내용
7. 대상물건 중 일부를 감정평가에서 제외한 경우 그 이유

04 감정평가 원칙

1 시장가치기준 원칙(감칙§5)

원칙	시장가치기준 감정평가	대상물건에 대한 감정평가액은 시장가치를 기준으로 결정
	시장가치의 정의	**대**상물건이 **통**상적인 시장에서 **충**분한 기간 동안 거래를 위하여 공개된 후 그 대상물건의 내용에 **정**통한 당사자 사이에 **신**중하고 **자**발적인 거래가 있을 경우 **성**립될 가능성이 가장 높다고 인정되는 **대**상물건의 가액
예외	시장가치 외의 가치 기준 감정평가	(허용요건, 검토사항을 만족하는 경우) 대상물건의 감정평가액을 시장가치 외의 가치를 기준으로 결정할 수 있음
	허용요건	**법**령에 다른 규정이 있는 경우
		의뢰인이 **요**청하는 경우
		감정평가의 목적이나 대상물건의 특성에 비추어 **사**회통념상 필요하다고 인정되는 경우
	검토사항	해당 시장가치 외의 가치의 **성**격과 **특**징
		시장가치 외의 가치를 기준으로 하는 감정평가의 **합**리성 및 **적**법성
		(법령에 다른 규정이 있는 경우 ⇨ 검토 생략)

2 현황기준 원칙(감칙§6)

원칙	현황기준 감정평가	감정평가는 기준시점에서의 대상물건의 이용상황 및 공법상 제한을 받는 상태를 기준
예외 ①	불법적 이용	합법적인 이용 기준 감정평가하되, 합법적인 이용으로 전환하기 위해 수반되는 비용을 고려
	일시적 이용	최유효이용을 기준으로 감정평가하되, 최유효이용으로 전환하기 위해 수반되는 비용을 고려
예외 ②	조건부 감정평가	(부가요건, 검토사항을 만족하는 경우) 감정평가조건을 붙여 감정평가할 수 있음
		감정평가 조건정의: 기준시점의 가치형성요인 등을 실제와 다르게 가정하거나 특수한 경우로 한정하는 조건
		부가요건: 법령에 다른 규정이 있는 경우
		의뢰인이 요청하는 경우
		감정평가의 목적이나 대상물건의 특성에 비추어 사회통념상 필요하다고 인정되는 경우
		검토사항: 감정평가조건의 합리성, 적법성 및 실현가능성 (법령에 다른 규정이 있는 경우 ⇨ 검토 생략)

3 개별물건기준 원칙(감칙§7)

원칙	개별감정평가	감정평가는 대상물건마다 개별로 하여야 함
예외	일괄감정평가	둘 이상의 대상물건이 일체로 거래되거나 대상물건 상호 간에 용도상 불가분의 관계가 있는 경우에는 일괄하여 감정평가할 수 있음
	구분감정평가	하나의 대상물건이라도 가치를 달리하는 부분은 이를 구분하여 감정평가할 수 있음
	부분감정평가	일체로 이용되고 있는 대상물건의 일부분에 대하여 감정평가하여야 할 특수한 목적이나 합리적인 이유가 있는 경우에는 그 부분에 대하여 감정평가할 수 있음

05 감정평가방식과 방법

1 3방식 7방법 등(감칙§11)

원가방식	가액	원가법	재조달원가 - 감가수정액 = 적산가액
	임대료	적산법	기초가액 × 기대이율 + 필요제경비 = 적산임료
비교방식	가액	거래사례 비교법	거래사례 거래금액 × 사정보정치 × 시점수정치 × 가치형성요인 비교치 = 비준가액
		공시지가 기준법	비교표준지 공시지가 × 시점수정치 × 지역요인 비교치 × 개별요인 비교치 × 그 밖의 요인 보정치 = 공시지가기준가액
	임대료	임대사례 비교법	임대사례 임대료 × 사정보정치 × 시점수정치 × 가치형성요인 비교치 = 비준임료
수익방식	가액	수익 환원법	**직접환원법** 순수익 ÷ 환원율 = 수익가액 **할인현금흐름분석법** $\sum_{k=1}^{n} \dfrac{현금흐름_k(순수익/BTCF/ATCF)}{(1+할인율)^k} + \dfrac{복귀가액}{(1+할인율)^n}$ (+ 저당가치) = 수익가액
	임대료	수익 분석법	순수익 + 필요제경비 = 수익임료

2 감정평가방법의 적용, 합리성 검토, 시산가액 조정 및 감정평가액 결정(감칙§12)

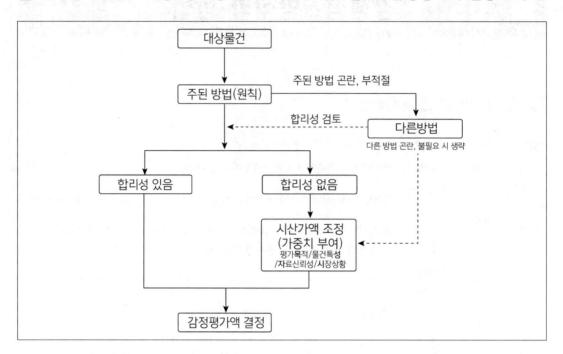

ca.Hackers.com

PART 02
물건별 감정평가

01 토지의 감정평가

1 감정평가방법

1. 감정평가방법의 적용(감정평가법§3, 감칙§14)

구분	요건	주된 감정평가방법
원칙	-	공시지가기준법
예외 ①	적정한 실거래가가 있는 경우	거래사례비교법
예외 ②	재무보고평가, 자산재평가, 소송평가(보상평가 제외), 경매평가, 담보평가, 타인의뢰에 의한 감정평가	공시지가기준법, 거래사례 비교법 외 다른 방법 적용 가능

2. 공시지가기준법

적용 순서	내용	
비교표준지 선정	**<선정 기준>** • **인**근지역 내(유사지역 가능) • **용**도지역 동일 · 유사 • **이**용상황 동일 · 유사 • **주**변환경 동일 · 유사 (+ 지리적으로 가능한 가까이) • 하나 선정 원칙	**<표준지의 특징>** • 공시기준일 기준 • 나지상정(사권, 건부감가 X) • 일반적 · 개별적 제한 반영
적용공시지가 선택	**<선택 기준>** • 기준시점 이전 최근 • 평가시점 자료 기준	
시점수정	**<지가변동률>** • 비교표준지 소재 시군구 용도지역별 • 일할계산 • 일괄추정방식 • 소수점 이하 5자리	**<생산자물가상승률>** • 전월 지수 기준 • 15일 이후 당월 지수 적용 • 소수점 이하 5자리

	<비교 기준>	<비교 내용 · 방법>
지역요인 비교	• 최유효이용 기준 • $\dfrac{\text{기준시점}}{\text{기준시점}}$	• **가**로조건 / **접**근조건 / **환**경조건 / **행**정적조건 / **기**타조건 • **조**건 간 **곱**하고 **항**목 간 **더**함 • 소수점 이하 3자리
개별요인 비교	• 최유효이용 기준 • $\dfrac{\text{기준시점}}{\text{공시기준일}}$	• 가접환획행기(획지조건) • 조곱항더 • 소수점 이하 3자리 • 도시계획시설 저촉은 개별요인 중 행정적 조건 으로 고려
그 밖의 요인 보정	<보정 자료> • 거래사례 · 평가사례 <선정 기준> • **신**고된 실제 거래가격 • 정상사례 or **사**정보정 가능 • **목**적, **조**건, **기**준가치 등 유사 • **3**년 이내(도시지역), 5년 이내(도시지역 외) • **배**분법 적용 가능 • + 용이주인지	<보정치 산정방식> ① 대상토지 기준 산정방식 ② 표준지 기준 산정방식

3. 거래사례비교법

적용 순서	내용
사례 선정	**<선정 기준>** • 신고된 실제 거래가격 • 정상사례 or 사정보정 가능 • 3년 이내(도시지역), 5년 이내(도시지역 외) • 배분법 적용 가능 • + 용이주인지 • 하나 선정 원칙
사정보정	• 금융보정: 현금등가, 금융조건 • 사정보정(한정가치) • 철거비 · 양도소득세: 매수인 부담분 합산 • 배분법: 공제방식, 비율방식
시점수정	**<자료 선택>** • 사례물건의 가격변동률 • 지가변동률 및 각종 지수 **<거래시점>** • 계약체결시점 기준
가치형성요인의 비교	• 지역요인 비교 • 개별요인 비교(그 밖의 요인 보정 X)

※ 사정보정방법(A토지소유자가 B토지 매입 시)
 ① 가치증분액 = 합병 후 토지가치 − 합병 전 A, B 개별필지 토지가치
 ② 배분액 = ① × 배분비율
 ③ 사정보정치 = $\dfrac{\text{B토지가치}}{\text{B토지가치} + ②}$

※ 배분비율 산정방법

면적비(양)	단가비(질)	총액비(양 + 질)
$\dfrac{\text{B토지면적}}{\text{A토지면적} + \text{B토지면적}}$	$\dfrac{\text{B토지단가}}{\text{A토지단가} + \text{B토지단가}}$	$\dfrac{\text{B토지단가} \times \text{면적}}{\text{A토지단가} \times \text{면적} + \text{B토지단가} \times \text{면적}}$
구입한도액비(양 + 질 + 매수인 최대 양보)		
1. $\dfrac{\text{합병 후 토지총액} - \text{A토지총액}}{(\text{합병 후 토지총액} - \text{A토지총액}) + (\text{합병 후 토지총액} - \text{B토지총액})}$ 2. $\dfrac{\text{B토지총액} + \text{증분가치}}{(\text{A토지총액} + \text{증분가치}) + (\text{B토지총액} + \text{증분가치})}$		

4. 조성원가법

(1) 직접법과 간접법

직접법	조성완료시점 대상토지가액 ⇨ 기준시점 적산가액(시점수정만)
간접법	조성완료시점 사례토지가액 ⇨ 기준시점 대상토지 적산가액(시 × 지 × 개)

(2) 조성완료시점 토지가액(재조달원가)

소지가액	조성공사비 등

<적용 방법>
• 직접법: 대상의 소지취득자료 기준
• 간접법: 공시지가기준법, 거래사례비교법 등 적용
 	
<시점수정(성숙도 수정) 방법>
① 전 기간 투하자본수익률 기준
② 전 기간 지가변동률 기준
③ 기간별 구분 적용
  - 취득시점 ~ 착공시점: 지가변동률
  - 착공시점 ~ 조성완료시점: 투하자본수익률
 	
<유의사항>
• 소지매입사례는 토지거래사례로서 금융보정, 사정보정, 철거비 보정 등 필요
• 소지면적 미제시 경우 감보율 등 이용하여 유효택지 면적에서 역산
	<조성공사비 등의 범위>
	① 표준적 공사비(+ 수급인 적정이윤)
	② 통상의 부대비용
	③ 개발업자 적정이윤

(3) 대상토지 면적: 유효택지면적

5. 개발법

(1) 직접법과 간접법

직접법	분양(임대)수입 현가 - 개발비용 현가 = 대상토지가액
간접법	분양(임대)수입 현가 - 개발비용 현가 = 사례토지가액 ⇨ 사례토지가액 × 시 × 지 × 개 = 대상토지가액

(2) 개발계획의 확정

① 물건 확정: 토지 or 복합부동산 or 구분소유 부동산

② 사업 확정: 분양사업 or 임대사업

③ 면적 확정: 토지(유효택지면적), 토 + 건(대지면적 ⇨ 연면적 ⇨ 분양 or 임대면적)

(3) 산식의 구성 및 내용

분양(임대)수입 현재가치	<적용방법> • 물건별: 토지 or 복합부동산 or 구분소유 부동산의 평가방법 • 사업별: 분양사업(거래사례비교법) or 임대사업(수익환원법) • 원가법 X: 간접법만 인정(순환논리 모순) <분양(임대)수입의 기준시점> • 공사완료시점 기준 원칙
개발비용 현재가치	<개발비용의 범위> • 조성공사비: 공사비용 + 부대비용 + 수급인이윤 • 건축공사비: 공사비용 + 부대비용 + 수급인이윤 • 이자비용 X, 개발업자 적정이윤 X(할인율에 반영)
할인율	• 투하자본수익률 = 이자율 + 위험률 + 개발업자 적정이윤
면적	• 개발 전 면적 기준

※ (전통적) 공제방식

① 산식: 분양수입 – 개발비용 = 토지가액

② 할인 X: 개발비용에 이자비용, 개발업자 적정이윤 포함

6. 토지잔여(환원)법

직접법	간접법
① 대상 순수익	① 사례 순수익
② 대상토지 귀속 순수익	② 사례토지 귀속 순수익
= ① - 대상건물 귀속 순수익(공제방식)	= ① - 사례건물 귀속 순수익
(건물가액 × 건물환원율)	= ① × 사례토지 귀속 순수익 비율
= ① × 대상토지 귀속 순수익 비율(비율방식)	③ 대상토지 기대 순수익 = ② × 사 × 시 × 지 × 개
③ 수익가액 = ② ÷ 토지환원율	④ 수익가액 = ③ ÷ 토지환원율

※ 상각 전·후 순수익 결정
   ① 건물 상각 전 환원율 ⇨ 상각 전 순수익
   ② 건물 상각 후 환원율 ⇨ 상각 후 순수익

7. 기타 방법

(1) 회귀분석법

$y = a + bx (R^2 \geqq 90\%)$

구성요소	y	x	a	b	R^2
명칭	종속변수	독립변수	회귀상수	회귀계수	결정계수
의미	가액	가치형성요인	가치형성요인 반영 전 가액	가치형성요인의 영향력	본 회귀식의 신뢰도

(2) 노선가식 평가법

노선가 × 깊이가격체감율 = 토지가액

2 특수토지의 감정평가 기준

1. 광천지: 혼합법(비교, 원가, 수익방식 혼용)

산식		표준광천지 기준 개발비(원/㎡) × 광(온)천지지수 × $\dfrac{\text{대상광천지 용출량지수}}{\text{표준광천지 용출량지수}}$
산식의 구성	광(온)천지 지수	광(온)천지수 = $\dfrac{\text{표준광천지 수익가액}}{\text{표준광천지 기준 개발비(원/㎡)}}$
	표준광천지 수익가액	$\dfrac{\text{총용출량(t/일)} \times 365 \times \text{실제양탕비율} \times [\text{판매단가(원/t)} - \text{양탕비용(원/t)}]}{\text{환원율}}$ or $\dfrac{\text{표준용출량(t/일)} \times 365 \times [\text{판매단가(원/t)} - \text{양탕비용(원/t)}]}{\text{환원율}}$
	양탕비율	판매량 ÷ 총용출량
	용출량지수	온천지 용출량 × 온도보정률(도표 기준) = 온도 보정 후 용출량 ⇨ 용출량지수(도표) 적용

2. 골프장용지(경마장, 스키장, 유원지 등)

① 등록면적 전체 일단지(개발지 + 원형보존지)

② 토지에 화체되지 아니한 건물 등 제외

③ 회원제, 대중제 각각 일단지

3. 공공용지

① 용도제한, 거래제한 고려

② 타 용도 전환(용도폐지) 전제 시: 전환 후 가액 – 전환비용

4. 사도

인근 관련 토지와 함께 의뢰된 경우	사도만 의뢰된 경우

인근 관련 토지와 사도 감정평가액 총액을 전면적에 균등 배분하여 감정평가	• 효용이 증진되는 인접 토지와의 관계(화체이론설)
	 • 용도제한, 거래제한 등에 따른 감가율(사용수익제한설)
	 • 토지보상법 시행규칙 26조
	   ⇨ 사도법에 의한 사도 ~ 인근토지의 1/5 이내
	   ⇨ 사실상 사도(편통건대) ~ 인근토지의 1/3 이내

5. 공법상 제한을 받는 토지

원칙	• 비슷한 공법상 제한상태의 표준지 기준 • 비슷한 공법상 제한상태의 표준지 없는 경우 ⇨ 별도로 공법상 제한 정도 고려
잔여부분 단독이용가치 희박	• 해당 토지 전부를 공법상 제한을 받는 것으로 감정평가
둘 이상의 용도지역에 걸친 토지	• 면적 비율에 따른 평균가액 • 주된 용도지역 가액 기준: 한 용도지역 비율이 현저하게 낮은 경우 or 관련 법령에 따라 주된 용도지역 기준으로 이용가능한 경우

6. 일단지(일괄감정평가)

판단기준: 용도상 불가분 관계(사경행합가타) / 소유자 동일성 · 지목 · 일시적 이용 고려 X / 착공 이후

7. 지상 정착물과 소유자가 다른 토지

정착물이 토지에 미치는 영향(특히 법정지상권, 감가) 고려

8. 제시 외 건물 등(종물, 부합물 제외)이 있는 토지

① 소유자 동일성 여부에 관계없이 제시 외 건물 등이 토지에 미치는 영향 고려

② 국공유지 처분 감정평가 시 영향 고려 X

9. 공유지분 토지

(1) 토지 전체가액 × 지분비율

(2) 지분의 위치가 확인되는 경우(구분소유적 공유): 그 위치에 따라 감정평가

(3) 위치 확인방법

    ① 위치확인동의서

    ② 건부지인 경우: 합법적인 건축허가도면, 합법적으로 건축된 건물, 관리사무소 등 비치된 위치도면

10. 지상권이 설정된 토지

(1) 지상권 설정되지 않은 상태 토지가액에서 지상권에 따른 제한정도 등 고려

지상권에 따른 제한정도

① 공제법: 지상권 가치 ~ [시장지료(특히 적산임료) – 계약지료]의 현재가치 합

② 비율법

(2) 저당권자의 채권확보를 위한 지상권의 경우: 제한 고려 X

11. 규모가 과대하거나 과소한 토지(광평수토지 등)

(1) 감정평가기준

원칙	비슷한 규모의 표준지 기준
예외	비슷한 규모의 표준지 없는 경우: 불리한 정도를 개별요인으로 고려

(2) 가치의 이중성

구분	규모가 과대한 토지	규모가 과소한 토지
감가요인	감보율 · 분할비용에 따른 감가	건축 불가능(건축법상 최소대지면적) or 건축 가능에 따른 감가율 차등
증가요인	대규모 토지에 대한 초과수요 증가	특별한 위치적 가치 · 건축규제완화에 따른 증가 가능성

12. 맹지

원칙적인 감정평가기준		통로개설 비용 등 고려
도로에 접한 것으로 보고 감정평가할 수 있는 경우		① 토지소유자가 그 의사에 의하여 타인의 통행을 제한할 수 없는 경우 등 관습상 도로가 있는 경우 ② 지역권(도로로 사용하기 위한 경우) 등이 설정되어 있는 경우
세부기준	현황평가	맹지의 이용상황(농지, 임지 등)이 최유효이용인 경우
	진입로 개설 비용 감안 감정평가	$\dfrac{(\text{자루형 토지 상정 가액} - \text{도로개설비용})}{(1 + \text{할인율})^{\text{개설기간}}} \times (1 - \text{도로개설 현실성에 따른 감가율})$
	인접토지 합병 조건부 감정평가	(합병 후 맹지 및 인접토지 전체 가액 - 합병 전 인접토지 가액) $\times$ (1 - 합병가능성, 합병가치 배분액 등을 감안한 감가율)

13. 고압선등 통과 토지(송전선로부지)

① 제한의 정도 고려

② 고압선 미통과 가액 × (1 − 직접적인 이용저해율) × 송전선로부지 면적 + 고압선 미통과 가액 × (1 − 심리·환경적 요인에 따른 감가율) × 잔여지 면적

14. 택지 등 조성공사 중에 있는 토지

택지 등으로 조성 중인 토지	조성 중 상태 가격 형성	그 가격 기준
	조성 중 상태 가격 미형성	조성원가법
환지방식사업지구 안 토지	환지예정지로 지정	환지예정지 기준 / 환지면적이 권리면적보다 큰 경우로서 청산금 미납부 시 ~ 권리면적 기준
	환지예정지로 지정 전	종전 토지 기준
택지개발사업지구 안 토지	확정예정지번 부여	택지 기준
	확정예정지번 부여 전	종전 토지 기준 + 변경된 용도지역 기준

15. 석산

	수익환원법	
주된 방법	$$V = \left(\dfrac{a}{S + \dfrac{i}{(1+i)^n - 1}} - E - F \right) + \dfrac{V_R}{(1+r)^n}$$	
	a: (상각 전) 순수익	
	S: 상각 후 환원율(세전 배당이율 등)	
	i: 축적이율(1년 만기 정기예금이자율 등)	
	n: 가행연수(채취가능량 ÷ 연간 생산량 / 실질적인 토석채취가능기간)	
	E: 장래소요기업비 현가	
	F: 현존 시설가액	
	V_R: 복귀가액(채취완료시점 토지가액)	
	r: 할인율	
다른 방법	공시지가기준법, 거래사례비교법 등	

02 건물의 감정평가

1 감정평가방법

1. 감정평가방법의 적용

주된 방법(감칙§15)	원가법
다른 방법	거래사례비교법, 건물잔여(환원)법 등

2. 원가법

(1) 재조달원가

가. 산정 기준: 일반적인 방법으로 생산하거나 취득하는 데 드는 비용 ⇨ 도급방식

나. 구성

① 재생산원가

표준적인 건설비	공사비	직접비, 간접비
	수급인 적정이윤	
통상의 부대비용	허가비, 설계비, 감리비, 등기수속비, 공조공과, 마케팅비용, 건설자금이자 등	
	도급인 개발이윤	

② 재취득원가

표준적인 취득비 + 통상의 부대비용 + 도급인 개발이윤

※ 건물의 재조달원가를 구성하지 않는 항목: 대문, 조경, 울타리, 마당, 담장, 옹벽, 크레인

다. 산정 방법

자료의 출처 기준	구성단위 기준
직접법 / 간접법	총액법 / 구성단위법 / 단위비교법 / 비용지수법

(2) 감가수정

가. 감가요인

물리적 감가요인 / 기능적 감가요인 / 경제적 감가요인

나. 감가수정방법

① 내용연수법

경제적 내용연수 기준 / 정·률·상 중 대상물건에 가장 적합한 방법 적용

㉠ 정액법: 재 × [1 - (1 - 잔가율) × 경과연수 / 내용연수]

㉡ 정률법

- 감가율이 주어지는 경우 ⇨ 가액 = 재 × (1 - 감가율)^{경과연수}
- 잔가율이 주어지는 경우 ⇨ 가액 = 재 × $\sqrt[전내용연수]{잔가율}^{경과연수}$

㉢ 상환기금법: 재 × [1 - (1 - 잔가율) × SFF(전내용연수, 축적이율) × 경과연수]

※ 내용연수 조정

① 유효연수법(실무상 관찰감가법): 가액 = 재 × $\dfrac{장래보존연수(유효연수)}{전\ 내용연수}$

② 미래수명법(증축): 가액 = 재 × $\dfrac{기존\ 부분\ 장래보존연수}{기존\ 부분\ 장래보존연수 + 증축\ 부분\ 경과연수}$

* 증축 부분(특히, 부대 부분)의 잔존 내용연수가 기존 (주체) 부분의 잔존 내용연수 이내라면 내용연수 조정 X

② 내용연수법이 적절하지 않은 경우: 관찰감가 등
　㉠ 관찰감가법

　㉡ 분해법
　　ⓐ 물리적 감가: 치유가능 + 치유불능(장단기 구분하여 정액법, 치유가능 재조달원가 제외)
　　　+ 손상 및 반달리즘

　　ⓑ 기능적 감가

구분		부족		대체		과잉	
		치가	치불	치가	치불	치가	치불
적산가액	(+)			○	○(×)	○	○
치유비용 / 손실액	(+)	○	○	○	○	○	○
신축 시 설치비용	(−)	○	○	○	○(×)		

　　　※ 치유가능 / 치유불능 판단: 물리적 · 법적 · 경제적 검토
　　　　⇨ 경제적 검토: 치유 시 가치 증가분 or 손실 감소분 vs 치유비용

　　　※ 치유 시 가치 증가분, 손실 감소분, 손실액 등 수익환원법 산정
　　　　⇨ 장기(주체) 부분: 건물R 활용 직접환원법 or 총수익승수 활용 총수익승수법
　　　　⇨ 단기(부대) 부분: 할인율 활용 DCF법

　　ⓒ 경제적 감가: 치유불능, 수익환원법 · 대쌍비교법, 건물분 배분

　㉢ 시장추출법: 재 × (1 − 거래사례 추출 연 감가율 × 대상 경과연수)
　　　− 연 감가율 = $\dfrac{\text{사례 재조달원가} - \text{사례 거래금액}}{\text{사례 재조달원가}} \times \dfrac{1}{\text{사례 경과연수}}$

　㉣ 임대료손실환원법
　　　− 감가에 따른 순수익 감소분 + 환원율 제시 ⇨ 직접환원법
　　　− 감가에 따른 총수익 감소분 + 승수 제시 ⇨ 총수익승수법

34 해커스 감정평가사 ca.Hackers.com

3. 거래사례비교법

사례 선택	시점수정	개별요인 비교

• 정상사례 or 사정보정 가능
• 시점수정 가능
• 가치형성요인 비교 가능
  (+ 배분법 가능)
	• 건물 유형별 건설공사비지수(당월
	  비교 원칙)
	• 건축비 지수 등
		• 잔가율 비교
		  - 구성부분별 잔가율 가중평균
		  - 별도의 개별요인인지 판단
		• 연면적 기준 면적 비교

※ 국공유지 내 건물의 경우 유용
※ 지역요인 비교는 특수한 경우 제외하고 적용 X

4. 수익환원법(건물잔여환원법)

① 건물귀속순수익: 전체 순수익에서 공제방식, 비율방식 등 적용
② 건물환원율로 환원

2 특수건물의 감정평가 기준

1. 공법상 제한을 받는 건물

원칙	• 제한받는 상태로 가격 형성 시 그 가격 기초 • 형성되지 않은 경우 제한받지 않는 상태 기준에서 그 제한 정도 고려
건물 일부 도시계획시설 저촉 시	• 잔여부분 효용가치 없는 경우 전체 저촉 기준 • 잔여부분 독립건물로서 가치 있는 경우 보수비 등 고려
현재 용도로 계속 사용가능한 경우	• 공법상 제한 미고려

2. 증축 건물

① 경과연수: 증축부분의 실제 경과연수 기준
② 장래보전연수: 기존건물의 장래보전연수 범위 내 ⇨ 미래수명법

3. 토지와 그 지상건물의 소유자가 다른 건물

① 정상적인 사용·수익이 곤란한 경우: 제한 고려
② 사용·수익에 지장이 없다고 인정되는 경우 or 제한이 없는 상태 감정평가 요청 시: 제한 미고려

4. 공부상 미등재 건물

① 의뢰인에게 감정평가 포함 여부 확인을 통해 실측면적 기준 감정평가 가능

② 일반, 보상, 경매 ○ / 담보 X

5. 건물 일부가 인접 토지상에 있는 건물

사용 · 수익 제한 고려하여 감정평가 / 사용 · 수익에 제한이 없다고 인정되는 경우 미고려

6. 공부상 지번과 다른 건물

(1) 원칙: 감정평가 X

(2) 예외: 다음 각 경우로서 건축물대장과 동일성 인정 시 감정평가 가능

　　① 분할 · 합병 등으로 토지지번 변경되었으나 건축물대장 지번 미변경

　　② 건물이 있는 토지가 동일 소유자에 속하는 일단지로 이용 중

　　③ 건축물대장상 지번을 실제 지번으로 수정 가능

7. 녹색건축물

감정평가기준	온실가스 배출량 감축설비, 신 · 재생에너지 활용설비 등 친환경 설비 및 에너지효율화 설비에 따른 가치증가분을 포함하여 감정평가		
구체적 방법 (예시)	원가법	재조달원가	표준단가 가산비율 반영 부대설비 보정단가 추가
		감가수정	경제적 내용연수 증가
	거래사례 비교법	사례 선택	녹색건축인증 등급을 선택기준에 추가
		가치형성요인 비교	친환경 조건, 항목 반영
	수익환원법	순수익	수익 증가, 비용 감소
		환원율	위험할증률 감소

03 복합부동산의 감정평가

1 감정평가방법의 적용

주된 방법(감칙§7①)	토지 · 건물 개별 감정평가액 합(원가방식 / 원가법)
일괄평가 시 주된 방법(감칙§7②, §16)	거래사례비교법(비교방식)
다른 방법(감칙§7②)	수익환원법(수익방식 / 직접환원법 · 할인현금흐름분석법)

2 거래사례비교법

1. 토지 · 건물 구분 비교법

사례 거래금액 × 사정보정 × [사례 토지가격 구성비율 × 토지요인 비교 + 사례 건물가격 구성비율 × 건물요인 비교] (× 일체품등 비교) = 비준가액

※ 토지요인 비교: 지가변동률 × 토지 지역요인 비교 × 토지 개별요인 비교 × 토지면적 비교
※ 건물요인 비교: 건축비지수 × 건물 개별요인 비교(+ 잔가율 비교) × 건물연면적 비교

2. 토지 · 건물 일괄 비교법

사례 거래금액 × 사정보정 × 복합부동산 시점수정 × 복합부동산 가치형성요인 비교 = 비준가액

※ 복합부동산 시점수정: 한국부동산원 발표 상업용 부동산 상권별 자본수익률(오피스 / 중대형상가 / 소규모상가)

3 수익환원법

1. 세부 방법

(1) 직접환원법: 순수익 ÷ 환원율

    가. 전통적 직접환원법(직접법, 직선법, 상환기금법, 연금법)

방법	직접법	직선법	상환기금법	연금법
특징	순수익 영구적 발생, 자본회수 불요	상각자산, 내용연수 유한 ⇨ 자본회수 고려하되 재투자 미고려	상각자산, 내용연수 유한 ⇨ 자본회수 고려하되 안전자산 재투자	상각자산, 내용연수 유한 ⇨ 자본회수 고려하되 동일자산 재투자
산식	$V = \dfrac{a}{r}$	$V = \dfrac{a}{r + \dfrac{1}{n}}$	$V = \dfrac{a}{r + \dfrac{i}{(1+i)^n - 1}}$	$V = \dfrac{a}{r + \dfrac{r}{(1+r)^n - 1}}$

    나. 잔여환원법(토지, 건물, 부동산)

(2) 할인현금흐름분석법(Discount CachFlow법)

$$\sum_{k=1}^{n} \frac{\text{현금흐름}_k(\text{순수익/BTCF/ATCF})}{(1 + \text{할인율})^k} + \frac{\text{복귀가액}}{(1 + \text{할인율})^n} \ (+\ \text{저당가치})$$

(3) 적용 기준

감정평가목적이나 대상물건에 적절한 방법을 선택 / 부동산 증권화 관련 감정평가 등 매기 순수익을 예상해야 하는 경우에는 할인현금흐름분석법 원칙, 직접환원법으로 합리성 검토

2. 순수익(BTCF/ATCF)

※ 수익자료의 선택: 임대자료 ○ / 영업매출자료 X(⇨ 기업가치)

| 가능총수익
(PGI) | • **보**증금(전세금) 운용수익: 보증금(전세금) × 운용이율
 - 운용이율(반환채무성격: 국공채이율, 정기예금이자율 / 대출금상환성격: 대출이자율 /
 투자자금성격: 투자수익률)
• 연간 **임**대료
 - 지급시점 보정

| 매월 초 지급 시 | 월 임대료 × (12 + r/12 × 12) = 월 임대료 × (12 + r) |
매년 초 지급 시	연 임대료 × (1 + r) | • 연간 **관**리비 수입(실비는 운영경비에 포함) • 주차수입, 광고수입, 그 밖의 대상물건의 운용에 따른 주된 수입: 선불적 성격의 일시금 ⇨ 금액 × MC
공실손실상당액 및 대손충당금 (V&L)	• 공실손실상당액(임차인 전출입, 대체경쟁 부동산 수급변화) - 일시적인 공실, 만실 X ⇨ 인근지역, 대상물건 분석을 통한 적정 공실률 반영 • 대손충당금(임차인 임대료 지급 불이행 담보) - 임차인 분석 필요, 보증금이 충분하다면 계상 불필요
유효총수익 (EGI)	가능총수익 - 공실손실상당액 및 대손충당금
운영경비 (OE)	※ 대상부동산 임대와 관련 / 임대인 부담분만 계상 • **용**역인건비 · 직영인건비(소유자급여): 인건비 미제시 시 적정 소유자급여 포함 • **수**도광열비: 임차인 직접 납부 시 미계상 • 수선**유**지비: 일반관리비(소모품비, 비품 감가상각비), 시설유지비(내외벽, 엘리베이터 보수비) / 자본적 지출 X • **세**금 · 공과금: 재산세, 환경개선부담금 등 / 소득세, 법인세, 취득세, 상속증여세, 양도소득세 등 X • **보**험료: 소멸성만 해당 • **대**체충당금: 빌트인 등 감가상각비 • **광**고선전비 등 그 밖의 경비: 정상운전자금이자상당액 포함 / 부동산구성이자 · 자기자본이자 · 장기차입금이자 X, 개인적 업무비 X ※ 건물 감가상각비 X: 상각 전 기준
순수익 (NOI)	유효총수익 - 운영경비
대출상환액 (DS)	• 원리금균등분할상환방식(대출금액 × 저당상수) • 거치식상환방식(이자지급저당, 대출금액 × 이자율)
세전현금흐름 (BTCF)	순수익 - 대출상환액
영업소득세 (TAX)	과세표준 × 세율 과세표준 = 세전현금흐름 - 감가상각비 + 원금상환액 원금상환액(원리금균등상환시) = (원리금상환액 - 대출금액 × 이자율) × $(1 + 이자율)^{n-1}$
세후현금흐름 (ATCF)	세전현금흐름 - 영업소득세

<간접법에 의한 수익 산정>

① 토지 · 건물 구분 비교법

사례총수익(순수익) × 사정보정 × [사례 토지수익 구성비율 × 토지요인 비교 + 사례 건물수익 구성
비율 × 건물요인 비교] (× 일체품등 비교) = 대상총수익(순수익)

※ 토지요인 비교: 지가변동률 × 토지 지역요인 비교 × 토지 개별요인 비교 × 토지면적 비교
※ 건물요인 비교: 건축비지수 × 건물 개별요인 비교(+ 잔가율 비교) × 건물임대면적 비교

② 토지 · 건물 일괄 비교법

사례총수익(순수익) × 사정보정 × 복합부동산 임대료 시점수정 × 복합부동산 임대료 가치형성요인
비교 (× 임대면적 비교) = 대상총수익(순수익)

3. 복귀가액

(1) 내부추계법

NOI모형 DCF법	BTCF모형 DCF법	ATCF모형 DCF법
(보유기간 다음연도 NOI ÷ 최종 환원율) - 매도비용	(보유기간 다음연도 NOI ÷ 최종환 원율) - 매도비용 - 미상환저당잔액	(보유기간 다음연도 NOI ÷ 최종 환원율) - 매도비용 - 미상환저당잔 액 - 양도소득세

※ 미상환저당잔액 = 대출금액 × 잔금비율(원리금균등분할 상환방식) / 대출금액(거치식 상환방식)
※ 양도소득세 = [순재매도가치 − 장부(취득)가액(기초장부가치 − 감가누계액) − 공제액] × 양도소득세율

(2) 외부추계법

과거 가치성장률, 보유기간 말 부동산시장 분석을 통해 별도 평가

4. 환원율

(1) 산출방법

원칙	시장추출법
예외	요소구성법, 투자결합법, 유효총수익승수법, 시장 발표 환원율 등

(2) 시장추출법

일반적인 경우		환원율 = 사례부동산 순수익 / 사례부동산 매매가격
대상과 사례의 상각률이 상이한 경우	직접시장 비교법	• 환원율 = 사례 상각 후 환원율 + 대상 상각률 • 사례 상각 후 환원율 = 사례 상각 전 환원율 - 사례 상각률(사례 건물 가치구성비율 × 1/사례건물잔존연수)
	투자시장질적 (평점)비교법	환원율 = 사례 상각 후 환원율 × 사례평점/대상평점 + 대상 상각률

(3) 요소구성법

환원율 = 무위험률(국채수익률, 정기예금이자율 등)
　　　　　+ 위험할증률[위험성(+), 비유동성(+), 관리의 난이성(+), 자금의 안정성 등(-)]

(4) 투자결합법

물리적 투자 결합법	환원율 = $\dfrac{\text{토지가치}}{\text{토지가치 + 건물가치}} \times \text{토지환원율} + \dfrac{\text{건물가치}}{\text{토지가치 + 건물가치}} \times \text{건물환원율}$
금융적 투자 결합법	환원율 = $\dfrac{\text{저당액}}{\text{저당액 + 지분액}} \times \text{저당상수} + \dfrac{\text{지분액}}{\text{저당액 + 지분액}} \times \text{지분환원율}$

(5) 유효총수익승수법

환원율 = $\dfrac{1 - \text{운영경비비율}}{\text{유효총수익승수}}$

(6) 시장에서 발표된 환원율

국토교통부 등 정부기관, GenstarMate 등 민간업체

(7) 기타

엘우드법(y - L/V × (y + p × SFF - MC) ± △ × SFF), 부채감당법(DCR × LTV × MC)

5. 할인율

(1) 산출방법

투자자조사법(지분할인율), 투자결합법(종합할인율), 시장 발표 할인율 + 현금흐름에 맞는 할인율

(2) 투자자조사법

공표된 자료, 직접면담 등

(3) 투자결합법

물리적 투자 결합법	$할인율 = \dfrac{토지가치}{토지가치 + 건물가치} \times 토지할인율 + \dfrac{건물가치}{토지가치 + 건물가치} \times 건물할인율$
금융적 투자 결합법	$할인율 = \dfrac{저당액}{저당액 + 지분액} \times 저당할인율 + \dfrac{지분액}{저당액 + 지분액} \times 지분할인율$

(4) 시장에서 발표된 할인율

국토교통부 등 정부기관, GenstarMate 등 민간업체

6. 최종환원율

환원율에 장기위험프리미엄 · 성장률 · 소비자물가상승률 등 고려 ⇨ 내부추계법

04 구분소유 부동산의 감정평가

1 감정평가방법

1. 주된 방법: 거래사례비교법(감칙§16)

사례 선정	• 정상사례 or 사정보정 가능 • 시점수정 가능 • 가치형성요인 비교 가능
시점수정	• 주거용(아파트, 연립, 다세대): 유형별 매매가격지수 • 오피스텔: 오피스텔 매매가격지수 • 비주거용: 상권별 자본수익률 • 기타: 비주거용건물임대지수 등
가치형성요인 비교	(1. 지역요인 비교) 2. 개별요인 비교 　① 단지외부요인 　② 단지내부요인 　③ 호별요인: 층별 · 위치별 효용 　④ 기타요인 3. 면적 비교 　① 전유면적 비교 원칙 　② 대지사용권(소유권 대지권, 대지지분) 비교 　　(정비구역 등 대지지분 기준으로 가치가 형성되는 경우)

2. 다른 방법

(1) **수익환원법**: 직접환원법, DCF법

(2) **원가법**: 전체 1동 가액(토지 및 건물가액 합) × 층별 효용비율 × 위치별 효용비율

※ 구분소유 부동산 가액의 토지 · 건물 배분: 비율법, 공제법

물건별 감정평가   PART 02   해커스 감정평가사 오지훈 감정평가실무 2차 핵심요약집

❷ 층별·위치별 효용비율, 지가배분율 등

1. 층별·위치별 효용비율

$$층(호)효용비율 = \frac{대상\ 층(호)효용비 \times 대상\ 층(호)\ 전유면적}{\sum[각\ 층(호)별\ 효용비 \times 각\ 층(호)별\ 전유면적]}$$

※ 효용비 산출자료: 거래가격, 분양가격, 임대료
※ 효용비율 산출면적 기준: 전유면적

2. 지가배분율

층(호)	효용비율(A)	건물배분 효용비율(B)	토지배분 효용비율(C)	지가배분율
			A - B	C ÷ 토지가치구성비율

※ B: 전유면적(건물가치구성비율 × 대상전유면적 / 전체전유면적) 등 별도의 산출기준 제시

❸ 대지사용권을 수반하지 않은 구분소유 부동산

원칙	건물만의 가액
예외	추후 토지의 적정지분이 정리될 것을 전제로 가격이 형성되는 경우(토지의 분할·합병, 지적미정리 등) 대지사용권을 포함한 가액 ⇨ 일반 구분소유 부동산 평가와 동일

05 산림의 감정평가

1 감정평가방법의 적용

주된 방법 (감칙§17① 전단)	• 개별물건 감정평가액 합 • 산지와 입목을 구분하여 감정평가 • 입목의 경제적 가치가 없는 경우 ⇨ 입목 제외
다른 방법(일괄평가) (감칙§17②)	• 원칙: 거래사례비교법 • 기타 방법: 산림비용가법(입목비용가법 + 산지가액), 산림기망가법(입목기망가법 + 산지가액)
유실수 단지	과수원 감정평가 준용

2 산지의 감정평가

토지의 감정평가방법 / 원가성 고려: 산지개량사업·산지보호시설 등

3 입목의 감정평가

1. 감정평가방법의 적용

주된 방법 (감칙§17① 후단)	거래사례비교법
다른 방법	원가법 등(조림비용가법, 글라저법, 기망가법, 시장가역산법)

2. 조림비용가법(원가방식, 유령림)

$$(\text{산지가액} + \text{관리자본}) \times [(1 + \text{이자율})^{\text{조림시점} \sim \text{기준시점}} - 1] + \text{조림비} \times (1 + \text{이자율})^{\text{조림시점} \sim \text{기준시점}}$$

$$- \sum \text{간벌수익} \times (1 + \text{이자율})^{\text{간벌시점} \sim \text{기준시점}}$$

3. 글라저법(원가수익 절충방식, 중령림)

① 일반 산식

$$(벌기령의\ 주벌수입 - 초년도\ 조림비) \times \frac{현재수령^2}{벌기령^2} + 초년도\ 조림비$$

② 11년생 이상 입목 산식

$$(벌기령의\ 주벌수입 - 10년생\ 조림비\ 내가\ 합계) \times \frac{(현재수령 - 10)^2}{(벌기령 - 10)^2} + 10년생\ 조림비\ 내가\ 합계$$

4. 기망가법(수익방식, 장령림)

$$\frac{주벌수입 + 간벌수입 \times (1 + 이자율)^{벌기령 - 간벌시임령} - (산지가액 + 관리자본) \times [(1 + 이자율)^{벌기령 - 현재임령} - 1]}{(1 + 이자율)^{벌기령 - 현재시점}}$$

5. 시장가역산법(비교방식, 성숙림)

$$조재율 \times \left(\frac{원목시장가}{1 + 자본회수기간 \times 이자율 + 기업자이윤 \cdot 투자위험율} \right) - 생산비$$

4 임업부대시설의 감정평가

① 임도 및 방화선: 원가법 / 산지가액에 포함된 경우 별도 감정평가 ✕
② 건물 및 소방망대: 원가법
③ 임간묘포: 거래사례비교법 / 거사비 곤란, 부적정 시 원가법

06 과수원의 감정평가

주된 방법(감칙§18)	거래사례비교법
다른 방법	원가법, 수익환원법 등

07 염전, 공사중단 건축물등의 감정평가

1 염전

주된 방법	거래사례비교법
다른 방법	원가법, 수익환원법 등

2 공사중단 건축물등

공사중단 건축물	건물 감정평가방법 적용
공사중단 건축물 대지	토지 감정평가방법 적용

08 공장재단의 감정평가

1 감정평가방법의 적용

주된 방법 (감칙§19① 본문)	개별물건 감정평가액 합(유형자산 + 무형자산)
다른 방법 (감칙§19① 단서)	수익환원법(계속적인 수익이 예상되는 경우 등), 거래사례비교법 등

※ 감정평가 목적별 공장구성자산의 평가 포함 및 제외 확정 예 담보: 과잉유휴시설, 무형자산 제외
※ 사례자료와 비교 시 토지·건물·기계 등 구성부분별 구분 비교

2 기계기구류의 감정평가

1. 감정평가방법의 적용

주된 방법 (감칙§21②)	원가법
다른 방법 (실무기준)	거래사례비교법(대상물건과 유사한 동종물건의 적절한 거래사례를 통해 시중시가를 파악할 수 있는 경우)

2. 원가법

(1) 재조달원가

    가. **국산기계**: 기준시점 당시 같거나 비슷한 물건의 재취득하는 데에 드는 비용

나. 도입기계

		수입가격 + 부대비용		
원칙	CIF 기준 수입가격	CIF가격(도입시점) × 원산지화폐로의 외화환산율(도입시점) × 원산지 기준 기계가격보정지수 × 원화로의 외화환산율(기준시점)		
	FOB 기준 수입가격	FOB가격(도입시점) × 원산지화폐로의 외화환산율(도입시점) × 원산지 기준 기계가격보정지수 × 원화로의 외화환산율(기준시점) + 운임·보험료(기준시점)		
	부대비용	• LC개설비 등 • 관세(현행 최저 관세율)·감면·농특세(관세감면 시 적용, 관세감면액의 20%) • 설치비 포함 여부(자주식 기계, 기계만의 담보평가 X / 사업체 평가 시 ○)		
예외		① 비슷한 물건의 최근 수입가격 + 부대비용 ② 동일 제작국 동종기계기구류 최근 수입가격 × 보정·수정·비교 + 부대비용 ③ 대상 기계기구류 도입 당시 수입가격 × 보정·수정·비교 + 부대비용		

※ 확정사항: 도입시점(신고일) / 원산지 / 전기기계 or 일반기계 / 설치비 / 관세·감면·농특세

(2) 감가수정: 경제적 내용연수 기준한 정률법 원칙 / 관찰감가법 등

3. 감정평가 제외: 소유권 유보부, 리스기계

3 구축물 감정평가

원가법 원칙 / 주된 물건의 부속물로 이용 중인 경우 주된 물건 포함 평가 가능

4 과잉유휴시설

① 전용 가능: 전환 후 용도, 전환비용, 시차 등 고려 정상평가

② 전용 불가능: 해체처분가액(해체비, 철거비, 운반비 등 고려)

※ 담보, 임대료, 계속기업 전제: 감정평가 제외

※ 과잉유휴시설 판단 선행(적정 보유비율 등 제시)

09 광업재단의 감정평가

1 감정평가방법의 적용

주된 방법(감칙§19②)	수익환원법
다른 방법	거래사례비교법 등

2 광업재단(광산)의 수익환원법

산식	$$\frac{(상각\ 전\ 연간)\ 순수익}{세전\ 배당이율 + \dfrac{축적이율}{(1 + 축적이율)^{가행연수} - 1}} - 장래소요기업비\ 현가$$ (+ 가행연수 말 잔존가치의 현가)
순수익	사업수익(월간생산량 × 연간가행월수) - 소요경비(채광비, 선광제련비, 판매 · 관리 · 경비, 운영자금이자 / 감가상각비 X)
운영자금이자	(채 + 선 + 판) × 정기예금이자율 × 3/12
가행연수	(확정광량 × 가채율 + 추정광량 × 가채율) ÷ 연간 생산량
축적이율	1년 만기 정기예금이자율

3 광업권의 수익환원법(감칙§23①)

광산가액 – 현존시설 가액(과잉유휴시설 제외)

※ 건물의 장래보존연수: MIN[장래보존연수, 가행연수]

4 보상평가(則43)

1. 광업권의 소멸에 따른 보상평가

조업 중, 정상생산 중 휴업	광산가액 - 이전 or 전용가능 시설물 잔존가치 + 그 이전비
탐사착수, 탐사실적인정, 채굴계획인가 후 광물생산실적이 없는 경우	투자비용 + 현재시설가액 - 이전 or 전용가능 시설물 잔존가치 + 그 이전비
탐사미착수, 채굴계획인가를 받지 않은 경우	등록비용

2. 광산의 휴업에 따른 보상평가

휴업	최근 3년 연평균 영업이익 × 정지(휴업)기간 + 시설물의 이전 · 수거 등에 드는 비용 + 정지기간 중 고정적 경비
매장량이 없는 경우, 채산성이 없는 경우	보상 제외

10 의제부동산의 감정평가

1 감정평가방법의 적용

구분	자동차	건설기계	선박	항공기
주된 방법 (감칙§20)	거래사례비교법	원가법	선체(총 톤수), 기관(실마력), 의장별 구분 원가법	원가법 (비행시간, 오버홀 비용을 알 수 있는 경우: 주요부분별 가액 합산)
다른 방법	원가법	거래사례비교법	거래사례비교법	거래사례비교법
본래 용도의 효용가치가 없는 경우 (감칙§20⑤)	해체처분가액			
	해체처분가액이 최저한도액이 됨에 유의			

2 원가법 시 감가수정

정률법 / 관찰감가법 등

3 항공기: 비행시간, 오버홀 비용을 알 수 있는 경우

기체가액	(재조달원가 - 오버홀비용) × (1 - 감가율)^{경과연수} + 오버홀비용 × $\dfrac{\text{오버홀 한계시간 - 오버홀 이후 기준시점까지 비행시간}}{\text{오버홀 한계시간}}$
원동기가액	(재조달원가 - 오버홀비용) + 오버홀비용 × $\dfrac{\text{오버홀 한계시간 - 오버홀 이후 기준시점까지 비행시간}}{\text{오버홀 한계시간}}$
프로펠러가액	(재조달원가 - 오버홀비용) + 오버홀비용 × $\dfrac{\text{오버홀 한계시간 - 오버홀 이후 기준시점까지 비행시간}}{\text{오버홀 한계시간}}$

11 어업권의 감정평가

1 감정평가방법의 적용

주된 방법(감칙§23②)	수익환원법
다른 방법	거래사례비교법(어장 전체 거래가 일반화: 배분법) 등

2 수익환원법

산식	어장 수익가액 - 적정 시설 가액
어장 수익가액	$\dfrac{(상각\ 전\ 연간)순수익}{r + \dfrac{r}{(1 + r)^{어업권존속기간} - 1}}$ - 장래소요기업비 현가(+ 존속기간 말 잔존가치의 현가)

물건별 감정평가

PART 02 해커스 감정평가사 여지훈 감정평가실무 2차 핵심요약집

12 영업권의 감정평가

1 감정평가방법의 적용

주된 방법(감칙§23③)	수익환원법
다른 방법	거래사례비교법, 원가법

2 수익환원법

1. 영업 관련 기업가치 – 영업투하자본

영업 관련 기업가치	• 영업 관련: 비영업용 자산, 부채 배제 • 기업가치: 기업가치 평가 규정 준용 　⇨ 잉여현금흐름 기준 DCF법, 직접환원법 등
영업투하자본	영업자산 - 영업부채

2. $\displaystyle\sum_{k=1}^{n}\frac{초과수익_k}{(1+할인율)^k}$ or $\dfrac{초과수익}{환원율}$

3 거래사례비교법

1. 영업권 거래사례 × 보정 · 수정 · 비교

2. (기업 거래사례 – 영업권 제외 순자산가치) × 보정 · 수정 · 비교

3. 상장기업: 발행주식수 × 주식가격 – 영업권 제외 순자산가치

4 원가법

1. 기준시점 재취득비용 – 감가수정액

2. 취득시점 취득비용 × 시점수정

13 지식재산권의 감정평가

1 종류, 분류

① 산업재산권: 특허권, 실용신안권, 디자인권, 상표권

② 저작권

③ 기술: 특허권, 실용신안권, 디자인권 + 기술적 노하우

2 감정평가방법의 적용

주된 방법(감칙§23③)	수익환원법
다른 방법	거래사례비교법, 원가법

3 수익환원법

1. $\displaystyle\sum_{k=1}^{n} \frac{\text{지식재산권 창출 현금흐름}_k}{(1+\text{할인율})^k}$ or $\displaystyle\frac{\text{지식재산권 창출 현금흐름}}{\text{환원율}}$

※ 현금흐름 산정
   ① 절감 가능 사용료
   ② 증가 현금흐름
   ③ 기업 총이익 × 일정비율

2. 기업 전체 영업가치 × 기술기여도

※ 기술기여도 산정
　① 유사 지식재산권 기술기여도 적용
　② 기술요소법 (산업기술요소 × 개별기술강도)

※ 지식재산권의 현금흐름 추정기간
　• 현금흐름 추정기간 = 사업화 준비기간 + 경제적 수명
　• 경제적 수명 = MIN[경제적 수명 적용기간, 법적 잔존기간]
　• 경제적 수명 적용기간 = 경제적 수명기간 – 특허 등록 이후 경과연수
　• 법적 잔존기간 = 20년 – 특허 출원 이후 경과연수
　• 경제적 수명기간 = 특허인용수명지수 × (1 + 기술수명 영향요인 평점 합계/20)

※ 지식재산권의 현금흐름
　기업가치와 동일하게 FCFF를 기준하되, 기간 말의 경우 ① 기업가치와 동일하게 복귀가액을 고려하는 방법 ② 투자액 회수를 고려하는 방법 가능

[투자액 회수]

> 투자액 회수 = (자본적 지출 누계액 - 감가상각비 누계액) + 순운전자본 증감 누계액

4 거래사례비교법

1. 지식재산권 거래사례 × 보정 · 수정 · 비교

$$2. \quad \frac{\text{현금흐름}(= \text{매출액 or 영업이익} \times \text{실시료율})}{\text{환원율}} \quad or \quad \sum_{k=1}^{n} \frac{\text{현금흐름}(= \text{매출액 or 영업이익} \times \text{실시료율})_k}{(1 + \text{환원율})^k}$$

※ 실시료율(조정 로열티율) = 기준 로열티율 × 기술의 비중 × 조정계수1 × 개척률

※ 실시료율 산정 시 고려사항
　지식재산권 개발비 · 특성 · 예상수익에 대한 기여도, 실시 난이도, 지식재산권 사용기간 등

5 원가법

1. 기준시점 재취득비용 – 감가수정액

2. 취득시점 취득비용 × 시점수정

주식의 감정평가

상장주식 (감칙§24①1호)		• 주된 방법: 거래사례비교법
		• $\dfrac{\text{기준시점 이전 30일간 실제거래 합계액}}{\text{기준시점 이전 30일간 실제 총 거래량}}$
		• 증자, 합병, 배당 등 사유 발생 시: 발생한 다음 날부터 기준시점까지 기준
비상장주식 (시세 없는 상장주식 포함) (감칙§24①2호)	주된 방법	자기자본가치법: $\dfrac{\text{자기자본가치(기업가치 - 부채가치)}}{\text{발행주식 수}}$
	다른 방법	유사 주식 거래가격, 시세, 시장배수 등 기준 직접 산정

15 채권의 감정평가

1 감정평가방법의 적용

상장채권 (감칙§24②1호)	주된 방법	거래사례비교법
	다른 방법	수익환원법
비상장채권 (감칙§24②2호)	주된 방법	수익환원법
	다른 방법	거래사례비교법

2 거래사례비교법

$$비준가액 = \frac{동종채권\ 기준시점\ 이전\ 30일간\ 실제거래\ 합계액}{동종채권\ 기준시점\ 이전\ 30일간\ 실제\ 총\ 거래량}$$

3 수익환원법

$$수익가액 = \sum_{k=1}^{n} \frac{현금흐름(원금,\ 이자\ 등)_k}{(1+적정\ 수익률)^k} = \frac{상환일까지의\ 원금과\ 이자\ 합계액}{(1+r)^n \times \left(1+r \times \dfrac{k}{365}\right)}$$

※ 적정수익률: 기준시점 이전 30일간 당일 결제거래 평균수익률, 없으면 보통거래 평균수익률
※ 상환일 이후의 원금 & 이자상환액만 고려 / 일할 계산하는 경우 한편 넣기

16 기업의 감정평가

1 감정평가방법의 적용

주된 방법(감칙§24③)	수익환원법
다른 방법	원가법, 거래사례비교법
계속기업 전제 시	원가법만 적용 불가

2 수익환원법

1. 종류: 할인현금흐름분석법, 직접환원법, 옵션평가모형 등

2. 할인현금흐름분석법

(1) 산식

FCFF모형	예측기간의 영업가치$\left(= \sum_{t=1}^{n} \dfrac{FCFF_t}{(1+WACC)^t}\right)$ $+$ 예측기간 후의 영구영업가치$\left(= \dfrac{FCFF_{n+1} \div (WACC-g)}{(1+WACC)^n}\right)$
FCFE모형	$\sum_{t=1}^{n} \dfrac{FCFE_t}{(1+자기자본비용)^t} + \dfrac{FCFE_{n+1} \div (자기자본비용-g)}{(1+자기자본비용)^n} +$ 타인자본가치

(2) 기업잉여현금흐름(FCF)

FCFF	EBIT × (1 - 법인세율) + 감가상각비 등 - 순투자금액(자본적 지출) ± 순운전자본 증감액
FCFE	FCFF - 이자비용 × (1 - 법인세율) - 원금상환액 + 신규부채발행액 - 우선주배당액

(3) 할인율

WACC	자기자본(보통주)구성비율 × 자기자본비용 + 타인자본구성비율 × 타인자본비용(+ 우선주 구성비율 × 우선주자본비용) ※ 구성비율: 시장가치 기준(장부가치 X)
자기자본비용 (CAPM)	무위험이자율 + β × (시장기대수익률 - 무위험이자율) ※ β: 해당기업의 체계적 위험(시장수익률 변화에 따른 해당기업의 민감도)
타인자본비용	이자율 × (1 - 법인세율)

❸ 거래사례비교법

유사기업이용법	대상기업 영업이익, 매출액, 순자산 등 × 유사상장기업 주가 기준한 시장배수 등
유사거래이용법	대상기업 영업이익, 매출액, 순자산 등 × 유사기업 지분거래금액 기준한 시장배수 등
과거거래이용법	대상기업 영업이익, 매출액, 순자산 등 × 대상기업 지분 과거거래금액 기준한 시장배수 등

※ 시장배수
 • 주가이익비율(PER: price/earning ratio)
 • 주가순자산비율(PBR: price/book value ratio)
 • 주가매출액비율(PSR: price/sales ratio)

❹ 원가법: 개별물건 감정평가액 합

※ 각 방법 적용 시 비영업용 자산 존재하는 경우 별도 합산

동산의 감정평가

주된 방법(감칙§21①본문)	거래사례비교법
본래 용도의 효용가치가 없는 경우 (예) 불용품) (감칙§21①단서)	해체처분가액(구성재질별 중량 × 단가 - 해체비 · 철거비 · 운반비 · 상하차비 · 업자이윤 등)

소음등으로 인한 대상물건의 가치하락분에 대한 감정평가

거래사례비교법 (전후비교법)	소음등 발생 전 비준가액 - 소음등 발생 후 비준가액
수익환원법 (전후비교법)	소음등 발생 전 수익가액 - 소음등 발생 후 수익가액
원가법 (분리합산법)	원상회복 가능한 가치하락분(원상회복비용: 복구비, 관리비 등) + 원상회복 불가능한 가치하락분(이용제약, 스티그마 등)

임대료의 감정평가

1 원칙

산정기간	1월 or 1년	
기준시점	임대료 산정기간의 초일	
종류 ①	원칙	실질임대료
	예외	의뢰인 요청 시 지급임대료 가능
종류 ②	• 시장가치 or 시장가치 외의 가치 • 신규임대료 or 계속임대료 • 시장임대료 or 계약임대료	

※ 실질임대료 = 예금적 성격 일시금 운용익(+ 선불적 성격 일시금 상각액) + 지급임대료
　　　　　　 = 순임대료 + 필요제경비

2 감정평가방법의 적용

주된 방법(감칙§22)	임대사례비교법
다른 방법	적산법, 수익분석법

3 임대사례비교법

사례 선택	시점수정	가치형성요인의 비교
• 계약내용이 같거나 비슷 • 정상 또는 사정보정 가능 • 시점수정 가능 • 가치형성요인 비교 가능 ※ 지난 1년: 기준시점 1년 전 　 최근 1년: 기준시점 현재	• 사례물건의 임대료변동률 • 주거용: 유형별 전월세 통합지수 • 오피스텔: 오피스텔 전세가격지수, 　월세가격지수 • 비주거용: 상권별 임대가격지수	• 지역요인 / 개별요인 • 외부요인 / 내부요인 / 호별요인

4 적산법

기초가액	**<산정방식>** - 비교방식, 원가방식 - 수익방식 X(순환논리 모순)
기대이율	**<산정방법>** 시장추출법 · 요소구성법 · 투자결합법 · CAPM · 대체경쟁자산 수익률 등 고려한 방법 + 기초가액을 시장가치로 하는 경우: 한국감정평가사협회 기대이율 적용기준율표, 국유재산 법 사용료율 등 참고하여 결정 가능
필요제경비	• 임대인 부담 / 통상적 임대차(사용 · 수익)를 위한 비용 **감**가상각비 **유**지관리비: 임차인이 부담하는 공익비, 부가사용료 X / 자본적 지출 X 조세**공**과금: 보유세 ○ / 소득세, 법인세, 취득세, 양도소득세 X **손**해보험료: 소멸성 ○ / 비소멸성 X **대**손준비금: 보증금이 충분한 경우 계상 X **공**실손실상당액 **정**상운영자금이자: 부동산대출이자, 임대인신용대출이자, 장기차입금이자 X

※ 이론적 적산법 VS 실무적 적산법(기초가액과 기대이율의 성격 논의)

구분	이론적 적산법	실무적 적산법
기초가액	용익가치 = 시장가치 - 자산가치(자본이득가능성, 담보가치 등) - 계약감가	시장가치
기대이율	시장추출법 · 요소구성법 · 투자결합법 · CAPM (대체)투자수익률 지역 · 이용상황 · 품등 고려 차등 X	시 · 요 · 투 · C + 기대이율표 · 사용료율 순임대료율 지역 · 이용상황 · 품등 고려 차등 ○
필요제경비	동일	
임대료	양 방법에 따른 임대료는 동일	

5 수익분석법

순수익	필요제경비
총수익(매출액) (-)매출원가 (-)판매관리비 (-)정상운전자금이자 (-)타 생산요소귀속수익 = 해당 부동산 창출 순수익(자본, 노동, 경영 등 타 생산요소 제외)	감가상각비 유지관리비 조세공과금 손해보험료 대손준비금

※ 주차장 등 매출액의 대부분이 부동산의 기여에 의하는 경우만 예외적으로 적용

6 계속임대료 감정평가방법

계속임대사례비교법	계속임대사례 선택
이율법	기준시점 기초가액 × 계속임대료 기대이율(전기 순임대료 / 전기 기초가액) + 기준시점 필요제경비
슬라이드법	전기 임대료 × 슬라이드지수 or 전기 순임대료 × 슬라이드지수 + 기준시점 필요제경비
차액배분법	전기 임대료 + (기준시점 신규임대료 - 전기 임대료) × 배분율

7 임대차 평가

1. 일반임대차(임대권 : 임차권)

임대권의 가치 = 계약임대료(순임대료) × PVAF + 기간말 복귀가치 × PVF
임차권 가치 = (시장임대료 - 계약임대료) × PVAF (+ 임차자 개량물의 잔존가치 × PVF)

2. 특수임대차(임대권 : 전대권 : 전차권)

전대권 가치 = (전대차임대료 - 계약임대료) × PVAF
전차권 가치 = (시장임대료 - 전대차임대료) × PVAF

3. 소유권가치 ≠ 임대차 각 권리가치의 합

환원율 차이, 임차자의 질, 최유효이용 여부

20 권리금의 감정평가

1 권리금의 구성요소

유형재산	무형재산
• 시설권리금 • 영업시설, 비품, 재고자산 등 • 물리적·구체적 형태를 갖춘 재산	• 지역(바닥)권리금, 영업권리금, 행정권리금 등 • 거래처, 신용, 영업상의 노하우, 건물의 위치에 따른 영업상의 이점 등 • 물리적·구체적 형태를 갖추지 않은 재산

2 기준시점

① 일반평가: 가격조사완료일

② 상가건물임대차보호법상 평가: 임대차 종료 당시

3 감정평가방법의 적용

주된 방법 (유·무형 개별 감정평가액 합)	유형재산가액	원가법 원칙
		거래사례비교법, 해체처분가액 등
	무형재산가액	수익환원법 원칙
		거래사례비교법, 원가법 등
다른 방법 (일괄 감정평가)	수익환원법 원칙	
	거래사례비교법, 임대료승수법 등	

※ 손해배상액의 결정
   MIN[신규임차인이 현 임차인에게 지급하기로 한 권리금 vs 임대차 종료 당시의 권리금(권리금 감정평가액)]

4 무형재산의 감정평가

1. 수익환원법: 무형재산 귀속 영업이익 또는 현금흐름 기준 할인현금흐름분석법 or 직접환원법

(1) 수익 산출

가. 수익 모형

① 영업이익 기준 모형: 소규모 상가

② 현금흐름 기준 모형: 기업형 상가

나. 감가상각비, 자가인건비의 처리

감가상각비는 매출원가, 자가인건비 상당액은 판매관리비로 반영

다. 영업이익(현금흐름) 산출방법

비율추출방법	전체 영업이익 × 무형재산 권리금 영업이익 비율
사례추출방법	전체 영업이익 - 무형재산 권리금 0인 사례의 영업이익
공제방법	전체 영업이익 - 무형재산 권리금 외 항목 귀속 영업이익

(2) 할인율 결정

가. 방법

① 요소구성법(영업이익), WACC(현금흐름) 등

② 지역별, 상권별, 업종별 대상상가의 위험 반영

나. 할인기간: 상임법상 계약갱신청구기간(10년), 업종별 평균 영업기간 등 기준

2. 거래사례비교법: 무형재산만의 거래사례 기준 or 배분법 적용 거래사례 기준

※ 요인비교 항목
  ① 지역요인: 입지조건, 영업조건, 기타조건
  ② 개별요인: 입지조건, 영업조건, 시설조건(무형만의 비교인 경우 고려 X), 기타조건

3. 원가법

임대차 계약 당시 무형재산 취득가액(기 지불 권리금) × 취득 당시와 기준시점 당시의 수익 변화 등

ca.Hackers.com

해커스 감정평가사
ca.Hackers.com

PART 03
목적별
감정평가 등

01 담보평가

1 담보평가의 성격

채권 회수의 담보를 위한 저당권 설정 ⇨ 담보물건의 환가성 중시 ⇨ 감정평가의 안정성, 보수성

2 부적절한 담보물건

법률 규정에 의해 담보취득이 금지되는 물건	사립학교의 교육에 직접 사용되는 재산, 행정재산, 보험회사 소유재산 등
담보취득 시 주무관청의 허가를 요하는 물건	사립학교 교육에 직접 사용되는 재산 이외의 기본재산, 공익법인 · 의료법인 · 사회복지법인 기본재산 등
담보권을 제한하는 권리가 있는 부동산	압류, 가압류, 가처분, 가등기, 경매개시등기 등
특수한 용도로 이용되고 있는 것으로서 다른 용도로의 전환가능성이 적고 매매의 가능성이나 임대차의 가능성이 희박한 물건	도로, 구거, 묘지, 유지, 하천, 교회, 고아원, 양로원 등
공부와 현황이 현저히 달라 동일성을 인정하기 어려운 물건	
제시 외 건물(공부상 미등재 건물)	
제시 외 건물 등(종물, 부합물 제외)이 있는 토지	
리스기계, 소유권 유보부 기계	
과잉유휴시설, 단독효용가치 희박한 물건	
이동이 용이하여 관리 · 보존 어려운 물건, 손상 · 노후화 등으로 가치 희박한 물건	

3 토지의 담보평가

1. 공공용지(도로 · 공원 · 운동장 · 체육시설 · 철도 · 하천의 부지 등)

원칙	감정평가 X
감정평가 할 수 있는 경우	의뢰인과의 협의를 거쳐 합리적인 사유가 있는 경우 ① 용도의 제한이나 거래제한 등을 고려하여 감정평가 ② 다른 용도로 전환하는 것을 전제로 의뢰된 경우에는 전환 이후의 상황을 고려하여 감정 평가

2. 공법상 제한을 받는 토지

일반 기준	일반적인 공법상 제한을 받는 토지 평가(실무기준) 준용
토지의 일부면적이 도시계획시설에 저촉되는 경우	저촉부분과 잔여부분 구분 감정평가 or 저촉부분과 잔여부분의 면적비율에 의한 평균가액
도시계획시설에 저촉되는 부분의 면적비율이 현저하게 낮아 토지의 사용수익에 지장이 없다고 인정되는 경우	도시계획시설에 저촉되지 아니한 상태 기준

3. 일단(一團)으로 이용 중인 토지

평가기준	일괄감정평가
판단기준	• 용도상 불가분 관계(사경행합가타) • 소유자 동일성 · 지목 · 일시적 이용 고려 X • 착공 이후

4. 지상 정착물과 소유자가 다른 토지 및 제시 외 건물 등(종물·부합물 제외)이 있는 토지

원칙		감정평가 진행 여부 등을 의뢰인과 협의
감정평가를 하는 경우	지상 정착물과 소유자가 다른 토지	정착물이 토지에 미치는 영향(특히 법정지상권, 감가) 고려
	제시 외 건물 등이 있는 토지	① 소유자 동일성 여부에 관계없이 제시 외 건물 등이 토지에 미치는 영향 고려 ② 국공유지 처분 감정평가 시 영향 고려 X

5. 거래가격 및 거래의 상대방이 제한되는 토지

거래가격 및 거래의 상대방이 제한되는 토지	• 산업입지 및 개발에 관한 법률에 따라 개발한 토지 • 산업집적활성화 및 공장설립에 관한 법률에 따라 분양받은 토지 • 연구개발특구의 육성에 관한 특별법에 따른 교육·연구 및 사업화 시설구역의 부지 • 그 밖에 국가·지방자치단체·공공기관 등으로부터 분양받은 토지로서, 분양계약서 및 등기사항증명서에 매매·처분제한 또는 환매특약 등의 취지가 기재·등기되어 있는 토지
평가기준	거래가격 및 거래의 상대방이 제한됨에 따라 토지에 미치는 영향을 고려

4 건물의 담보평가

1. 공부상 미등재 건물

원칙	감정평가 X
감정평가 할 수 있는 경우	의뢰인과의 협의를 거쳐 합리적인 사유가 있는 경우 실측면적 기준으로 감정평가 가능

2. 노후 정도가 심한 건물

노후 정도가 심하여 담보가치가 없다고 인정되는 건물은 감정평가하지 않을 수 있음

3. 거래가격 및 거래의 상대방이 제한되는 건물

거래가격 및 거래의 상대방이 제한되는 토지의 담보평가기준 준용

5 구분소유 부동산의 담보평가

1. 대지사용권을 수반하지 않은 구분건물

확인사항	• 의뢰인이 대지사용권을 제시하지 않은 이유 • 대상물건이 대지사용권을 수반하고 있는지 여부 및 그 근거 • 등기사항증명서에 대지사용권이 등재되어 있지 않다면 그 이유 • 대상물건에 대하여 대지사용권을 수반하지 않은 건물만의 가격이 형성되어 있는지 여부 • 그 밖에 대상물건을 감정평가하는 데 필요한 사항
대지사용권을 포함한 가액으로 감정평가할 수 있는 경우	① 분양계약서 등에 따라 대상물건이 실질적으로 대지사용권을 수반하고 있지만 토지의 분할·합병, 지적미정리 등으로 인하여 기준시점 현재 대지사용권이 등기되어 있지 않은 경우 ② 분양계약서 등에 따라 대상물건이 실질적으로 대지사용권을 수반하고 있지만 등기절차의 지연 등으로 기준시점 현재 대지사용권이 등기되어 있지 않은 경우 ③ 그 밖에 대상물건이 실질적으로 대지사용권을 수반하고 있지만 합리적인 사유로 기준시점 현재 대지사용권이 등기되어 있지 않은 경우
그 외의 경우	건물만의 가액으로 감정평가

2. 거래가격 및 거래의 상대방이 제한되는 구분건물

거래가격 및 거래의 상대방이 제한되는 토지의 담보평가기준 준용

02 경매평가

1 경매평가의 성격

① 매매의 성격

② 염가매수 방지(채무자 및 채권자 보호) + 적정가액 제시 및 경매절차 원활화(법원, 입찰자 지원)

2 경매평가 시 유의사항

① 법정지상권: 감가

② 현황평가: 도로 등

③ 부합물, 종물, 기타 제시 외 건물: 평가 ○

④ 공부상 다가구주택이나 실질은 다세대주택의 감정평가

    '전체가격 × 지분비율'이 아니라 위치를 반영한 가액, 즉 구분소유부동산의 거래사례비교법 적용

※ 담보평가 VS 경매평가

구분		담보	경매
현황 도로(사실상 사도)		감정평가 외	1/3 평가
제시 외 건물 부지	종물 · 부합물	정상평가	정상평가
	종물 · 부합물 외 (타인소유 등)	감정평가 외	감가평가
제시 외 건물	종물 · 부합물	감정평가 외	평가
	종물 · 부합물 외 (타인소유 등)	감정평가 외	평가

03 도시정비평가

1 사업절차

기본계획 수립 ⇨ 구역 지정 ⇨ 추진위 승인 ⇨ 조합 설립 ⇨ 사업시행계획인가 ⇨ 조합원 분양신청 ⇨ 관리처분계획인가 ⇨ 철거, 착공 ⇨ 준공인가, 입주 ⇨ 청산

2 사업 종류에 따른 감정평가

1. 개요

재개발사업	정비기반시설 무상양여, 무상귀속 평가	종전자산평가	종후자산평가	협의보상(현금청산)평가, 수용등평가 (수용재결, 이의재결, 소송)	국·공유재산 처분평가
재건축사업	정비기반시설 무상양여, 무상귀속 평가	종전자산평가	종후자산평가	협의시가(현금청산)평가, 매도청구평가(소송)	국·공유재산 처분평가

2. 정비기반시설 무상양도, 무상귀속 감정평가

① 국공유재산 처분 감정평가와 동일(사업시행계획인가고시일 3년 이전)

② 기준시점: 사업시행계획인가고시(예정)일

3. 종전자산 감정평가

① 조합원별 출자자산의 상대적 가치 균형 중시 / 보상평가 X

② 토지, 건축물만 대상

③ 개발이익 반영 가능하나 분양권 프리미엄 등 투기적·불확정적 개발이익은 미반영

④ 구체적 평가기준

- 기준시점 등: 사업시행계획인가고시일 현황 기준
- 해당 정비구역에 따른 공법상 제한(도시계획시설 저촉, 행위제한 등) 미반영, 용도지역 등 변경 전 기준 / 정비구역 지정 전 상태를 기준하는 것은 아님
- 적용공시지가: 사업시행계획인가고시일 이전 최근
- 비교표준지: 정비구역 내 원칙
- 무허가건축물 평가 여부: (판례) 조합 정관으로 인정하는 경우 평가

※ 조합원의 자격(토지등소유자)

구분	재개발사업	재건축사업
자격 요건	정비구역에 위치한 토지소유자 or 건축물소유자 or 그 지상권자	정비구역에 위치한 건축물 및 그 부속토지소유자

4. 종후자산 감정평가

① 분양대상 자산의 가치균형

② 완공 전제 조건부 감정평가

③ 기준시점: 분양신청기간 만료일 or 의뢰인 제시일 기준

④ 기준가치: 시장가치 or 시장가치 외의 가치(통상적인 시장 여부)

⑤ 전체를 조합원 분양분으로 보고 평가

⑥ 감정평가방법

구분	주된 감정평가방법	그 밖의 감정평가방법
분양 공동주택	거래사례비교법	원가법
임대주택	별도 규정 존재	
근린생활시설(집합건물)	거래사례비교법	-
토지(종교용지 등)	공시지가기준법	거래사례비교법 등

5-1. (재개발등) 현금청산 감정평가 등[협의보상(현금청산) ⇨ 수용재결 ⇨ 이의재결 ⇨ 소송]

① 보상평가

② 토지, 지장물, 영업손실 등 대상

③ 영업손실보상 기준일: 정비구역 지정을 위한 주민공람공고일

5-2. (재건축) 매도청구 감정평가 등[매도청구 / 협의(현금청산) ⇨ 매도청구]

① 시가 매수 평가

② 기준시점: 법원제시일(매매계약체결 의제일) 기준[협의: 관리처분계획인가고시일 익일(통설)]

③ 개발이익을 반영하여 평가하되, 기준시점 현재 현실화·구체화되지 않은 개발이익 및 조합원 비용 부담 전제 개발이익은 배제

④ 영업손실 제외(보상평가 X)

⑤ 사실상의 사도부지
- 판례1(사업 후 공동주택부지): 인근 대지 기준 + 개별요인 고려 감액 평가
- 판례2(사업 후 도로부지): 사실상의 사도로 평가(인근토지 가액의 1/3 이내)

※ 현금청산, 매도청구 대상자
조합원 미자격자, 분양 미신청자, 분양신청 철회자, 투기과열지구 내 정비사업의 분양대상자로서 분양신청을 할 수 없는 자, 관리처분계획에 따른 분양제외자

6. 국공유재산 처분 감정평가

(1) 사업시행계획인가고시일 3년 이전

① 기준시점 등: 사업시행계획인가고시일 현황 기준

② (재개발) 도로 등 지목을 대로 변경하여 의뢰 시 대 기준 평가

③ (재건축) 도로 등 대 기준 평가

(2) 사업시행계획인가고시일 3년 후

① 기준시점 등: 가격조사완료일 현황 기준

② (재개발) 국가·지자체 요청 시: 보상평가 가능하나 적용 가능성 ⇩

3 비례율과 청산금(사업성 예측)

구분	비례율	권리가액	청산금
산식	$\dfrac{전체\ 종후자산가액 - 총사업비}{전체\ 종전자산가액}$	조합원 종전자산가액 × 비례율	조합원 분양가격 - 권리가액

04 택지가액 감정평가

1 취지

분양가 상한제를 위한 감정평가

분양가 = 택지비(택지가액 + 가산비용) + 건축비(기본형 건축비 + 건축비 가산비용)

2 감정평가기준

① 조건부 감정평가: 택지조성 완료 상태, 대지 기준(아파트부지 + 일단지)
② 기준시점: 택지평가신청일(국가 · 지자체 · 공사 등: 의뢰일)
③ 면적: 사업계획승인면적 중 주택분양대상면적
④ 감정평가방법: 주된 방법은 공시지가기준법 / 조성원가법으로 합리성 검토

05 개발부담금

1 산식

종료시점지가 − (개시시점지가 + 정상지가상승분 + 개발비용) × 부담률 = 개발부담금

2 기준시점

① 개시시점지가: 개발사업인가일
② 종료시점지가: 준공인가일

3 개시시점지가, 종료시점지가

경우	개시시점지가	종료시점지가
①	개별공시지가 (대상토지 개별공시지가 × 평균지가변동률)	개별공시지가 (표준지공시지가 × 비준표 × 평균지가변동률)
②	매입(취득)가격 (매입가격 × 평균지가변동률)	처분가격 or 감정평가액
③	개별공시지가가 없는 경우: 감정평가액	감정평가액

※ 기부채납액이 있는 경우 개시시점지가와 종료시점지가 산정 시 면적에서 제외

4 정상지가상승분, 개발비용, 부담률

① 정상지가상승분: 개시시점지가 × (부과기간 정상지가상승률 − 1)
② 개발비용: 순공사비 등 / 기부채납액(개시시점지가 × 정상지가상승률) / 개량비 등
③ 부담률: 25% (공익사업, GB: 20%)
※ 정상지가상승률 = MAX[시군구 평균지가변동률, 정기예금이자율]

06 국·공유지 감정평가

1 기본원칙

국유재산법 제3조(국유재산 관리·처분의 기본원칙)
< 1. 국가전체의 이익에 부합되도록 할 것 >

2 일반평가 / 보상평가

원칙 (일반평가)	일반재산의 처분가격은 시가를 고려하여 결정한다. (국유재산법 §44)
예외 (보상평가)	공익사업에 필요한 일반재산을 해당 사업의 사업시행자에게 처분하는 경우에는 보상액을 일반재산의 처분가격으로 할 수 있다. (국유재산법 시행령 §42⑨)

3 국·공유지 감정평가의 CASE

① 일반평가 vs 보상평가

② 점유지

③ 정비사업 편입 국·공유지

07 재무보고평가

1 기준가치: 공정가치

공정가치의 정의: 한국채택국제회계기준에 따라 자산 및 부채의 가치를 추정하기 위한 기본적 가치기준으로서 합리적인 판단력과 거래의사가 있는 독립된 당사자 사이의 거래에서 자산이 교환되거나 부채가 결제될 수 있는 금액

2 공정가치의 성격

1. 공정가치 = 시장가치

감칙상 시장가치로 평가할 경우, IFRS상 공정가치로 인정됨
예 자산재평가

2. 공정가치 ≠ 시장가치

'공정가치 = 시장가치 외의 가치'가 되는 경우로서, 이 경우의 공정가치는 시장가치에 특수가치 또는 시너지가치 등이 결부됨
예 기업의 인수·합병을 위한 감정평가

※ 특수가치: 특정기업이 결합될 경우 발생하는 추가적 가치
※ 시너지가치: 특정물건이 결합될 경우 발생하는 추가적 가치

3. 결론적으로 공정가치는 시장가치보다 광범위한 성격임

08 감정평가와 관련된 상담 및 자문 및 토지등의 이용 및 개발 등에 대한 조언이나 정보 등의 제공(상담자문 및 정보제공 등)

1 최유효이용 분석

1. 판단기준: 물리적 가능성, 법적 허용성, 경제적 타당성, 최고의 가치

2. 경제적 타당성 판단

토지(or 나지 상정) 최유효이용 분석	복합부동산 최유효이용 분석
• 나지를 전제로 한 분석 • 각 대안 이용상황별 가액 산출(각 3방식 적용, 합리성 검토 · 시산가액 조정) 　⇨ 가장 가액이 높은 이용상황이 최유효이용	• 토지와 건물 전체를 기준으로 한 분석 • 현재 이용상황 기준 가액 및 각 대안 이용상황별 가액 산출 　⇨ 가장 가액이 높은 이용상황이 최유효이용 • 현재 이용상황 기준 가액: 복합부동산의 3방식 적용 • 각 대안 이용상황별 가액: 전환 후 복합부동산 가액(3방식) 　- 전환비용

2 투자의사결정

1. 분석의 기본사항

① 수익 및 비용(기회비용 포함) 항목 파악

② 복수의 투자안 분석 시, 투자안의 성격 결정

투자안의 성격	독립적 투자안	종속적 투자안	상호배타적 투자안
내용	각 투자안의 선택이 다른 투자안의 선택에 영향을 미치지 않는 투자안	어떤 투자안이 선택되면 선택되지 않을 수 없고, 기각되면 동시에 기각되는 투자안	하나의 투자안이 선택되면 다른 투자안은 기각되는 투자안
의사 결정	타당성이 인정되는 모든 투자안 선택	투자안(A) 선택 ⇨ 종속적 투자안(B) 자동 선택	타당성이 인정되는 투자안 중 가장 타당성이 높은 투자안부터 순차적으로 선택

2. 분석기법

(1) 비할인모형: 회수기간법, 회계적이익률법 등

(2) 할인모형(할인현금흐름분석법)

분석기법	산식	의사결정
순현재가치법 (NPV법)	투자수익의 현재가치 합 - 투자비용의 현재가치 합 = NPV	'NPV > 0'인 경우 타당성 긍정
내부수익률법 (IRR법)	'투자수익의 현재가치 합 - 투자비용의 현재가치 합 = 0' 이 되는 IRR 산출	'IRR > 요구수익률'인 경우 타당성 긍정
수익성지수법 (PI법)	투자수익의 현재가치 합 ÷ 투자비용의 현재가치 합 = PI	'PI > 1'인 경우 타당성 긍정

(3) 대안적 분석기법

분석기법	활용 취지	산식
기대순현가법 (ENPV법)	확률 고려	각 시나리오별 NPV를 각 확률로 가중평균하여 ENPV 산출
연평균순현가법 (ANPV법)	투자기간 상이한 투자안 비교	전체 NPV × MC = 연간복리평균NPV
가중평균수익성 지수법 (WAPI법)	투자규모 상이한 투자안 비교	투자규모 차액 부분은 PI = 1로 보고, WAPI 산출
내부수익률분해법	동일한 IRR 투자안 비교	내재된 위험(기간별 수익·비용 발생 양상)을 분석하여 판단
수정내부수익률법 (MIRR법)	NPV법과 IRR법 결과가 상이한 투자안 비교	NPV법에 적용된 재투자수익률(요구수익률)로 기간 말 수익, 비용을 산출한 후 MIRR 산출
증분내부수익률법 (IIRR법)	투자규모 상이한 투자안 비교	규모가 큰 투자안의 현금흐름 - 규모가 작은 투자안의 현금 흐름 = 증분 현금흐름, 증분 현금흐름을 기준한 IRR 산출
증분순현가법 (INPV법)	투자규모 상이한 투자안 비교	규모가 큰 투자안의 현금흐름 - 규모가 작은 투자안의 현금 흐름 = 증분 현금흐름, 증분 현금흐름을 기준한 NPV 산출

(4) 기타 분석기법: 의사결정계통도분석법. 게임이론 등

3 기타 분석

1. 민감도 분석(시뮬레이션 분석)

투입 요소 변화 ⇨ 산출결과의 변동성

2. 매후환대차(SLB) 분석: 계속 보유 VS SLB

계속 보유 시 현금흐름	보유기간 동안 감가상각비 절세 분 + 보유기간 말 순매도액(자본이득세 차감) 현가
SLB 시 현금흐름	현 시점 순매도액(자본이득세 차감) 현가 - 절세분 감안한 임차료 현가

3. Project Financing(PF)

특정사업의 사업성 및 장래 현금흐름을 담보로 자금을 지원하는 금융기법

09 공시가격의 평가 · 산정

1 공시가격의 종류

물건 구분		표준	개별
토지		표준지공시지가	개별공시지가
단독주택		표준주택가격	개별주택가격
공동주택		공동주택가격	
비주거용	복합부동산	(비주거부동산공시가격 - 예정)	
	구분소유 부동산		

2 표준지공시지가

1. 평가기준

기준	내용
적정가격 기준 평가	일반적으로 해당 토지에 대하여 통상적인 시장에서 정상적인 거래가 이루어지는 경우 성립될 가능성이 가장 높다고 인정되는 가격, 객관적인 시장가치
실제용도 기준 평가	• 공시기준일 현재 이용상황 • 지목 · 일시적 이용상황 고려 X
나지상정 평가	정착물, 사법상 권리 없는 상태
공법상 제한상태 기준 평가	일반적 · 개별적 제한 모두 받는 상태
개발이익 반영 평가	• 공익사업에 따른 개발이익 반영, 단계별 성숙도 고려 • 공시기준일 현재 현실화 · 구체화되지 않은 개발이익 고려 X
일단지 평가	• 용도상 불가분의 관계: 일단지로 이용되고 있는 상황이 사회적 · 경제적 · 행정적 측면에서 합리적이고 해당 토지의 가치형성측면에서도 타당하다고 인정되는 관계 • 개발사업시행예정지: 사업계획승인, 사업인정 이후 일단지 ○ • 2필지 이상의 토지에 하나의 건축물이 건립 or 건축 중 or 건축허가 등을 받고 공사 착수: 일단지 ○ • 조경수목재배지, 조경자재제조장, 골재야적장, 간이창고, 간이체육시설용지(테니스장, 골프연습장, 야구연습장 등) 등 일시적 이용상황: 일단지 X • 용도지역 등을 달리하는 등 가치가 명확히 구분: 각각 일단지

2. 가격자료의 요건

① 최근 3년 이내의 자료인 것

② 사정보정이 가능한 것

③ 지역요인 및 개별요인의 비교가 가능한 것

④ 위법 또는 부당한 거래 등이 아닌 것

⑤ 토지 및 그 지상건물이 일체로 거래된 경우에는 배분법의 적용이 합리적으로 가능한 것

3. 용도별 토지의 평가

용도	원칙	예외
주거용지	거래사례비교법	조성 · 매립지 ⇨ 원가법
상업 · 업무용지	거래사례비교법	수익환원법, 원가법
	임대동향표본 존재 ⇨ 수익환원법 강제 + 거사비 합리성 검토	
공업용지	거래사례비교법	조성 · 매립지 ⇨ 원가법
	산업단지 내 공업용지 ⇨ 대상토지 분양가 기준 / 인근 · 동일수급권 내 분양가	
농경지	거래사례비교법	조성 · 매립지 ⇨ 원가법
임야지	거래사례비교법	-
목장용지	거래사례비교법	원가법[초지(소지가격 + 조성비상당액 + 적정이윤) + 축사 및 부대시설부지(소지가격 + 조성비상당액 + 적정이윤), 주거용 대 제외]
후보지	거래사례비교법	개발법(조성 후 가격 - 조성비상당액 및 적정이윤 + 성숙도 고려)

※ 표준지 수익가격 평가모형

일반식	$P_L = (a - B \times \dfrac{y-g}{1-[\frac{1+g}{1+y}]^n}) \times \dfrac{1-[\frac{1+g}{1+y}]^n}{y-g} + \dfrac{P_L(1+g)^n}{(1+y)^n}$
변형식	$P_L = (a - B \times \dfrac{y-g}{1-[\frac{1+g}{1+y}]^n}) \times \dfrac{1}{y-g}$

• P_L: 토지의 수익가격, a: 토지 · 건물에 귀속되는 순수익, B: 건물평가액, n: 건물의 경제적 잔존내용연수

• y(종합수익률) = 소득수익률($\dfrac{a_n}{V_n}$) + 임대료변동률(g)

4. 공법상 제한을 받는 토지의 평가

(1) 도시 · 군계획시설 등 저촉토지

상황	평가기준
저촉상태 가격 형성 시	저촉상태로 형성된 가격 기준
저촉상태 가격 미형성 시	미저촉상태 기준 가격 + 감가율 고려
일부 저촉 시	저촉 부분과 잔여부분의 면적비율에 따른 평균가격
	저촉면적비율 현저히 낮은 경우: 전체 미저촉
	잔여면적비율 현저히 낮은 경우: 전체 저촉 기준
공시기준일 현재 사업완료 시	미저촉 기준 평가

(2) 둘 이상의 용도지역에 속한 토지

상황	평가기준
원칙	각 용도지역 면적 비율에 따른 평균가격
다른 용도지역 면적비율 현저히 낮은 경우, 관계법령상 주된 용도지역 기준 이용가능한 경우	주된 용도지역 기준

(3) 도시 · 군계획시설(도로)에 접한 토지

상황	평가기준
원칙	접하지 아니한 상태 기준
공시기준일 현재 공사 중인 도로	현황 도로로 접한 상태 기준
실시계획고시가 된 경우	반영 평가

(4) 개발제한구역 안 토지

가. **원칙**: 공법상 제한받는 상태 기준

나. **실제용도 또는 지목이 대인 경우**

상황	평가기준
건축물이 있는 토지	건축물의 증 · 개 · 재축, 대수선, 용도변경 등이 가능한 토지의 나지상태 기준
GB지정 당시부터 지목이 대인 건축물이 없는 토지	건축이 가능한 상태 기준
건축이 불가능한 지목이 대인 토지	현실 이용상황 기준

(5) 재개발구역 등 안 토지

가. 원칙: 공법상 제한받는 상태 기준

나. 사업시행계획인가고시 전으로 개발이익 현실화 · 구체화되지 않은 경우: 미반영

(6) 환지방식에 의한 사업시행지구 안 토지

상황	평가기준
환지예정지 지정	청산금 납부 여부와 관계없이 환지예정지 기준
환지예정지 지정 전	종전 토지 기준
농업생산기반정비사업시행지구 안 토지 준용	

(7) 택지개발사업지구 안 토지

상황	평가기준
확정예정지번 부여	택지 기준
확정예정지번 부여 전	종전 토지 기준 + 변경된 용도지역 기준

(8) 특정시설 보호 등 목적으로 지정된 구역 등 안 토지

상황	평가기준
공법상 제한상태 가격 형성 시	제한상태로 형성된 가격 기준
공법상 제한상태 가격 미형성 시	미제한상태 기준 가격 + 감가율 고려
일부 지정 시	지정 부분과 잔여부분의 면적비율에 따른 평균가격
	지정면적비율 현저히 낮은 경우: 전체 미지정
	잔여면적비율 현저히 낮은 경우: 전체 지정 기준

5. 특수토지의 평가

(1) 광천지

거래사례비교법 원칙 + 토지에 화체되지 아니한 건물 등 가격 상당액 제외 / 원가법 · 수익환원법 가능

(2) 광업용지

① 거래사례비교법 원칙 / 수익환원법 가능

② 수익환원법 적용 시: 광산 전체 가격 - 토지에 화체되지 아니한 건물 등 가격 - 광업권 가격

③ 용도폐지된 광업용지: 용도폐지된 광업용지 거래사례 기준 원칙

                주된 용도 토지 가격 + 전환가능성, 전환비용 고려

(3) 염전부지

거래사례비교법 + 토지에 화체되지 아니한 건물 등 가격 상당액 제외

(4) 유원지

① 거래사례비교법 원칙 / 원가법, 수익환원법 가능

② 토지에 화체되지 아니한 건물 등 가격 상당액 제외

(5) 묘지

① 인근지역 주된 용도토지 기준 거래사례비교법 원칙 + 분묘 등이 없는 상태 상정

② 원가법(토지에 화체되지 않은 관리시설 등 설치비 제외) 가능

(6) 골프장용지, 경마장, 스키장 등 체육시설용지

① 원가법(토지에 화체되지 않은 관리시설 등 설치비 제외)

② 면적: 등록면적(조성공사 중인 경우 사업계획승인면적)

③ 등록면적 전체 일단지 / 회원제 · 대중제 구분 시 각각 일단지

④ 인근 · 유사지역 골프장 표준지공시지가 수준과 현저한 차이 발생 시: 수익환원법, 거래사례비교법으로 적정 여부 확인

(7) 종교용지, 사적지

① 인근지역 주된 용도 토지 기준 거래사례비교법 + 용도 · 거래제한 등 고려

② 농경 · 임야지대 등 소재로 대상토지 가격이 주된 용도 토지가격 수준보다 높게 형성 시: 원가법(토지에 화체되지 아니한 건물 등 가격 상당액 제외)

(8) 여객자동차 · 물류터미널 부지

인근지역 주된 용도 토지의 표준적 획지의 적정가격에 용도 · 거래제한 등에 따른 적정한 감가율 등을 고려한 거래사례비교법 원칙 / 원가법 · 수익환원법 가능

(9) 공공용지

도서관, 시장, 공공청사, 학교 부지	인근지역 주된 용도 토지 기준 거래사례비교법 + 감가율 미고려
도로, 공원 등 부지	인근지역 주된 용도 토지의 표준적인 획지의 적정가격 + 용도 · 거래제한 등에 따른 적정한 감가율 고려
	조성 · 매립지 ⇨ 원가법 가능

3 표준주택가격

1. 산정기준

적정가격 기준 산정	당통정성인, 객관적인 시장가치
실제용도 기준 산정	공시기준일 현재 실제용도 / 일시적 이용상황 고려 X
사법상 제한상태 배제 상정 산정	사법상 권리 없는 상태
공법상 제한상태 기준 산정	일반적 · 개별적 제한 모두 받는 상태
두 필지 이상에 걸쳐 있는 주택가격 산정	두 필지 이상에 걸쳐 있는 주택, 인접필지와 용도상 불가분 관계 ⇨ 대지면적 합산 일단지 평가
필지의 일부가 대지인 주택가격 산정	일부인 대지면적만을 주택부지로 평가
산정방식 적용	• 시장성 있는 주택: 거래유형에 따른 인근 유사 단독주택 거래가격 등 고려하여 토지건물 일체의 가격 산정 • 시장성 없거나 용도 등이 특수한 주택: 비용추정액 or 임대료 등 고려하여 가격 산정 • 비용추정액: 표준적 건축비 + 일반적 부대비용 + 부속토지가격 • 어느 하나의 방법으로 가격 산정 시, 다른 산정방법으로 산출한 가액과 비교하여 합리성 검토

2. 거래유형

구분	약어	내용
(토지면적 × 거래단가) + (건물연면적 × 거래단가)	토단건단	주택부지가격과 건물가격을 별도로 합산하여 거래되는 유형
토지면적 × 거래단가 (건물가격을 포함)	토단	신축 후 일정기간 경과 등 사유로 건물가격을 별도로 산정하지 아니하고 주택부지면적만을 기준으로 거래되는 유형
(토지면적 + 건물면적) × 거래단가	토건단	주택부지면적과 건물면적을 합산한 면적에 거래단가를 곱하여 거래되는 유형
기타	기타	위 거래유형 이외의 관행에 의하여 거래되는 유형

3. 개별요인

토지조건(가접환획행기) + 건물조건(건물구조조건 · 건물이용상태조건 · 면적조건 · 내구연한조건 · 기타조건)

④ 공동주택가격

1. 산정기준

적정가격 기준 산정	당통정성인
실제용도 기준 산정	공시기준일 현재 실제용도 / 일시적 이용상황 고려 X
사법상 제한상태 배제 상정 산정	사법상 권리 없는 상태
공법상 제한상태 기준 산정	일반적 · 개별적 제한 모두 받는 상태
물적사항의 조사	집합건축물대장을 기준 / 대장의 명백한 오류 시, 재산세(주택)과세대장 기준
대지권 미등재	• 지자체 제시 대지지분 기준 / 대지지분이 없거나 국 · 공유지인 경우: 건물부분만의 가격 산정 • 지적정리 미완료로서 택지개발지구 등 추후 대지지분 이전 · 취득을 전제로 가격이 형성되는 경우: 대지지분 포함 가격 기준
산정방법	• 건물 + 대지사용권 일괄 산정, 거래가격 · 임대료 · 비용추정액 등 종합적 참작 • 비용추정액: 유사공동주택 표준적 건축비 + 일반적 부대비용 + 택지비
임대주택가격 산정	• 유사공동주택 거래가격 기준 산정가격 + 거래제한 상태 등 고려 or 임대료 · 전세금 대비 거래가격비율 등 종합적 참작 • 임대료 · 전세금 대비 거래가격비율 참작 산정 시 산식 {표}

임대주택가격	임대주택 전세금환산액 × (유사공동주택 거래가격/전세금)
전세금환산액	보증금 + 월세 × 12/전환율

2. 가격형성요인: 외부요인, 건물요인, 개별요인

10 보상평가

1 토지의 보상평가

1. 평가기준 및 방법

(1) 객관적 기준 감정평가(法70②)

일반적인 이용방법, 객관적 상황 기준, 주관적 가치, 특별한 용도 제공 고려 X

(2) 현실적인 이용상황 기준 감정평가(法70②)

가. **원칙**: 지목 불구 가격시점의 실제 이용상황(+ 주위환경, 대상토지의 공법상 규제 정도 등으로 보아 인정 가능한 범위의 이용상황)

나. **예외**: 일시적 이용상황, 공공시설용지, 미지급용지, 무허가건축물등 부지, 불법형질변경 토지 등

(3) 개별 감정평가

가. 필지별 감정평가(예외: 일괄감정평가, 구분감정평가, 부분감정평가)

나. 권리자별 감정평가(法64)

다. 건축물 등과의 구분감정평가(예외: 구분소유 부동산)

(4) 건축물 등 없는 상태 상정 감정평가(則22②)

가. **원칙**: 건축물 등으로 인한 제한(건부감가 등) 반영 X

나. **예외**: 구분소유 부동산, 토지·건축물이 함께 거래되는 사례나 관행이 있는 경우, GB 내 건부지 등 증가요인이 있는 경우

(5) 해당 공익사업으로 인한 가격의 변동 배제 감정평가(法67②)

해당 사업으로 인한 개발이익, 개발손실 반영 X

(다른 사업으로 인한 개발이익, 개발손실 반영 O)

(6) 공시지가기준 감정평가

순서		내용
적용공시지가 선택	(法70③)사업인정 전 협의	가격시점 이전 최근 공시지가
	(法70④)사업인정 후 취득	• 사업인정 이전 최근 공시지가 • 추가고시의 경우 　- 확장, 변경: 추가고시 이전 최근 공시지가 　- 지적분할: 기존 사업인정 이전 최근 공시지가
	(法70⑤)공익사업 계획·시행의 공고·고시로 지가의 변동이 인정되는 경우	<적용 요건>(令38의2) ① 도로, 철도, 하천사업(선적 사업) 제외 ② 사업면적 20만㎡ 이상 ③ 사업지구 안 표준지 평균변동률과 시·군·구 전체 표준지 평균변동률의 차이가 3% 포인트 이상 ④ 사업지구 안 표준지 평균변동률이 시·군·구 전체 표준지 평균변동률보다 30% 이상 높거나 낮을 것 ※ 평균변동률의 산정기간 　공고고시일 이전 최근 공시기준일 ~ 70③ or 70④에 의한 공시기준일 <적용공시지가 선택> 공고고시일 이전 최근 공시지가
비교표준지 선정 (則22③)		<선정 기준> ① 용도지역 등 공법상 제한이 같거나 유사 ② 실제 이용상황이 같거나 유사 ③ 주위 환경 등이 같거나 유사 ④ 지리적으로 가까울 것(실무기준: 용이주인지 + 사업지구 안) • 하나 선정
시점수정	지가 변동률 (令37①)원칙	비교표준지 소재 시·군·구 용도지역별
	지가 변동률 (令37②)해당사업으로 지가의 변동이 인정되는 경우	<적용 요건> ① 도로, 철도, 하천사업(선적 사업) 제외 ② 사업면적 20만㎡ 이상 ③ 사업인정고시일 ~ 가격시점 지가변동률 3% 이상 or 공고고시일 ~ 가격시점 지가변동률 5% 이상 ④ 사업인정고시일 ~ 가격시점의 비교표준지 소재 시·군·구 지가변동률이 비교표준지 소재 시·도의 지가변동률보다 30% 이상 높거나 낮을 것 <지가변동률 적용> 해당사업과 관계없는 인근 모든 시·군·구의 용도지역별 지가변동률 평균 적용 / 사인 등 전후 구분 적용
	생산자물가상승률 반드시 병기하되, 시점수정치 결정은 지가변동률	

	<선정 기준>	<보정 순서>
그 밖의 요인 보정	① 인근지역(+ 유사지역) 거래사례 · 보상사례 ② 용도지역등 공법상 제한사항이 같거나 비슷 ③ 실제 이용상황 등이 같거나 비슷 ④ 주위환경 등이 같거나 비슷 ⑤ 적용공시지가의 선택기준에 적합 ⑥-1 거래사례는 신고된 것으로서, 정상 or 사정보정 가능 ⑥-2 보상사례는 해당 공익사업에 관한 것을 제외	① 그 밖의 요인 보정의 필요성 및 근거 ② 거래사례등 기준 격차율 산정 ③ 실거래가 분석 등을 통한 검증 ④ 그 밖의 요인 보정치의 결정 <보정치 산정방식> ① 대상토지 기준 산정방식 ② 표준지 기준 산정방식

※ 주요 사업별 행위제한일 및 사업인정의제일

사업	행위제한일	사업인정의제일
택지개발사업	주민 등의 의견청취공고일	택지개발지구 지정 · 고시일
산업단지개발사업	주민 등의 의견청취공고일	산업단지 지정 · 고시일 (토지 등의 세목 고시일)
주택재개발사업	정비구역 지정 · 고시일	사업시행계획인가 · 고시일
도시 · 군계획시설사업	도시 · 군계획시설 결정 · 고시일	실시계획고시일
도로사업	주민 등의 의견청취공고일	도로구역 결정 · 고시일

※ 그 밖의 요인 보정

가. 순서

① 그 밖의 요인 보정의 필요성 및 근거
② 거래사례등 기준 격차율 산정
③ 실거래가 분석 등을 통한 검증
④ 그 밖의 요인 보정치의 결정

나. 두 가지 산정방식

대상토지 기준	산식	$\dfrac{\text{사례}(\times \text{사정}) \times \text{시점} \times \text{지역요인} \times \text{개별요인}(= \text{사례 기준 대상토지가액})}{\text{표준지} \times \text{시점} \times \text{지역요인} \times \text{개별요인}(= \text{표준지 기준 대상토지가액})} = \text{보정치}$
	한계	공시지가기준법이 아닌 보상사례기준법으로서 토지보상법 위반이라는 비판
표준지 기준	산식	$\dfrac{\text{사례}(\times \text{사정}) \times \text{시점} \times \text{지역요인} \times \text{개별요인}(= \text{사례 기준 표준지가액})}{\text{표준지} \times \text{시점}(= \text{기준시점의 표준지가액})} = \text{보정치}$
	한계	표준지공시지가가 적정가격이 아니라는 점을 명백히 보여준다는 비판

2. 유형별 토지 보상평가기준

(1) 공법상 제한을 받는 토지

가. 평가기준(則23)

공법상 제한을 받는 토지	제한받는 상태 기준
	해당 공익사업의 공법상 제한: 제한 없는 상태 상정
용도지역 등이 변경된 토지	가격시점 용도지역 등 기준
	해당 공익사업으로 용도지역 등 변경: 변경 전 용도지역 등 기준

나. 공법상 제한의 분류

분류	내용	공법상 제한의 반영 여부
일반적 계획제한	그 자체로 목적이 완성되는 제한 (예) 지역, 지구, 구역)	• 반영 ○ • 해당사업으로 인한 일반적 계획제한 은 반영 X
개별적 계획제한	구체적 사업시행이 필요한 제한 (예) ~고시)	반영 X

다. 공원구역 등

근거법	공법상 제한	분류
자연공원법	자연공원구역	일반적 계획제한
	공원시설의 설치를 위한 공원사업시행계획의 결정고시	개별적 계획제한
도시공원 및 녹지 등에 관한 법률	도시자연공원구역	일반적 계획제한
	도시공원, 녹지(도시계획시설)	개별적 계획제한

라. 용도지역 관련

용도지역 사이	양측 용도지역 평균	
용도지역 경계에 있는 도로	주상공 중 2개 사이	도로 중심선으로 구분
	주상공과 녹지 사이의 지역 간 통과도로	도로 중심선으로 구분
	주상공과 녹지 사이의 일반도로	주상공
둘 이상 용도지역	면적비율에 따른 평균가액	
	주된 용도지역 기준하는 경우 ① 용도지역을 달리하는 부분의 면적 과소로 가격형성에 미치는 영향 미미 ② 관계법령에 따라 주된 용도지역 기준으로 이용할 수 있어, 주된 용도지역 가격으로 거래되는 관행이 있는 경우	
용도지역 미지정	용도지역 대분류 미지정	자연환경보전지역
	도시지역 내 세분류 미지정	보전녹지지역
	관리지역 내 세분류 미지정	보전관리지역
공유수면 매립지	이웃 용도지역	

마. 도시·군계획시설(도로) 관련

접한 토지	도시·군계획시설(도로)의 폭·기능·개설시기 등과 대상토지의 위치·형상·이용상황·환경·용도지역등을 고려한 가액
저촉된 토지	저촉되지 아니한 상태 기준
	저촉 부분과 미저촉 부분 함께 의뢰된 경우: 저촉되지 아니한 부분에 대하여는 '접한 토지' 평가기준 준용 + 면적비율에 따른 평균가액

바. 정비구역, 문화재보호구역 안 토지

근거법	공법상 제한	분류
도시 및 주거환경정비법	정비구역	개별적 계획제한
문화재보호법	문화재보호구역	일반적 계획제한
	문화재보호구역 안 토지를 문화재보호법 제83조 제1항에 따라 취득 또는 사용하는 경우	개별적 계획제한

사-1. 개발제한구역 안 토지

① 원칙: 일반적 계획제한 ⇨ 제한받는 상태 기준

② 개발제한구역 지정 당시부터 지목이 대인 토지로서 건축물이 없는 토지

평가 기준	형질변경이 필요하지 않은 토지	㉠ 인근지역 건축물 없는 표준지 ㉡ 없는 경우 　ⅰ) 인근지역 건축물 있는 표준지 × 격차율(개별요인 비교) 　　(건부지와 나지의 격차가 없다고 인정되는 경우는 미고려) 　ⅱ) 유사지역 건축물 없는 표준지 × 지역요인 비교
	형질변경이 필요한 토지	㉠ 대로 이용 가능한 경우: 형질변경비용 고려 ㉡ 대로 이용 불가능한 경우: 현실적인 이용상황 기준

③ 건축물이 있는 토지

평가 기준	㉠ 인근지역 건축물 있는 표준지 ㉡ 없는 경우 　ⅰ) 유사지역 건축물 있는 표준지 　ⅱ) 인근지역 건축물 없는 표준지 × 격차율(개별요인 비교) 　　(건부지와 나지의 가격 격차가 없다고 인정되는 경우는 격차율 미고려) ※ 표준적 획지면적 현저히 초과, 건축물·건폐율·용적률 등 고려 시 면적 뚜렷이 과다: 건부지 / 나지 면적 사정

④ 그 외의 토지: 현재 이용상황 기준

사-2. 개발제한구역의 지정 및 관리에 관한 특별조치법에 따른 매수대상토지

요건	물적	① GB 지정에 따라 토지를 종래 용도로 사용할 수 없어 효용이 현저히 감소된 토지(매수청구일 현재 대상토지 개별공시지가 < 동일 읍면동 GB 내 동일 지목 개별공시지가 평균 × 50%) ② 사용·수익이 사실상 불가능하게 된 토지
	인적	① GB 지정 당시부터 계속하여 토지를 소유한 자 ② 토지의 사용·수익이 사실상 불가능하게 되기 전에 토지를 취득하여 계속 소유한 자 ③ 위에 해당하는 자로부터 토지를 상속받아 계속하여 소유한 자
평가 기준	가격시점	매수금액 지급 예정일
	적용 공시지가	매수청구일 이전 최근 공시지가
	이용상황	GB 지정으로 해당 토지의 효용이 뚜렷하게 감소되기 전 or 사용·수익이 사실상 불가능하게 되기 전의 토지의 상황(종전토지 상황) 기준
	비교 표준지	인근지역 종전토지 상황과 비슷한 이용상황의 것으로 하되, 공부상 지목 '대'인 토지는 인근지역 건축물 없는 표준지

사-3. 우선해제대상지역 안 토지

대상	요건①	우선해제대상지역 중 집단취락·경계선관통취락·산업단지·개발제한구역 지정 고유목적 외의 특수목적이 소멸된 지역, 공익사업의 시행 등으로 인한 소규모 단절토지
	요건②	① 시장등이 도시관리계획안의 주요내용을 공고한 경우 ② 도시관리계획안의 주요내용이 수립되었으나, 해당 공익사업의 시행을 직접 목적으로 GB가 해제됨으로써 그 주요내용이 공고되지 아니한 경우 ③ 해당 공익사업의 시행을 직접 목적으로 GB가 해제되지 아니하였을 경우에 시장등이 도시관리계획안의 주요내용을 수립·공고하였을 것으로 예상되는 경우로서 시장등이 그 내용을 확인하는 경우
평가 기준		GB 우선해제가 예정된 것에 따른 정상적인 지가의 상승요인 고려(그 밖의 요인 보정)하되, GB 해제에 준한 가격으로 감정평가액을 결정 가능
		GB 해제에 따른 동시조치사항으로 용도지역 등 변경이 이루어졌을 것으로 예상되는 경우로서 시장등이 그 내용을 확인하는 경우 이를 고려한 가액
	비교 표준지	인근지역 또는 동일수급권 안의 유사지역에 있는 것으로서 우선해제대상지역 안에 있는 표준지 원칙

(2) 특수토지에 대한 감정평가

가. 무허가건축물등 부지 (則24, 부칙5)

① 평가기준

원칙	무허가건축물등 건축 또는 용도변경될 당시 이용상황 기준
예외 (1989.1.24. 당시 무허가건축물등 부지)	가격시점의 현실적인 이용상황 기준

② 1989.1.24 당시 무허가건축물등 부지면적

해당 건축물 등의 적정한 사용에 제공되는 면적 기준(판례 : 바닥면적) ≦ 건폐율 적용 면적 (시행규칙 부칙§5)

③ 참고사항

㉠ 건축허가 또는 신고에 사용승인은 포함되지 않음

㉡ 불법용도변경 건축물: 12.1.2. 후 보상계획공고부터 무허가건축물등 해당

㉢ GB지정일부터 89.1.24. 사이에 건축된 무허가건축물: 무허가건축물 아님

㉣ 현실적인 이용상황으로 평가 시 농지보전부담금, 대체산림자원조성비는 고려하지 아니함

나. 불법형질변경토지(則24, 부칙6)

① 평가기준

원칙	형질변경될 당시 이용상황 기준
예외 (1995.1.7. 당시 공익사업시행지구에 편입된 토지)	가격시점의 현실적인 이용상황 기준

② 예외에 해당 시 평가기준

– 현실적인 이용상황이 건축물등이 없는 상태의 토지(농경지 제외)인 경우

: 공부상 지목 기준 + 성토 등이 된 상황 고려

③ 참고사항

    ㉠ 형질변경허가 또는 신고에 준공검사, 지목변경은 포함되지 않음

    ㉡ 공익사업시행지구 편입 당시: 공익사업 계획·시행의 공고·고시일

    ㉢ 예외를 인정하지 않는 경우: 일시적 이용상황, 공익사업의 고시 등 이후 법령에서 금지한 형질변경 또는 허가 없이 형질변경한 경우

    ㉣ 국가, 지자체 등이 불법으로 형질변경 후 공익사업에 편입하는 경우: 형질변경의 주체와 무관하다고 보아 불법형질변경토지

    ㉤ 건축허가 등을 받은 후 행위제한일 이후 착공한 경우: 불법형질변경토지

    ㉥ 불법형질변경으로 현실적인 이용상황이 나빠진 경우: 현실적인 이용상황 기준

    ㉦ 원상회복조치를 받은 경우, 가까운 장래에 복구가 법령상 예정된 경우: 일시적 이용 또는 불법형질변경토지

④ 지목 임야 등 산지관리법상 산지나 산지전용허가 없이 농지로 이용 중인 토지

원칙	불법형질변경토지(산지로 평가)
예외	• 불법전용산지에 관한 임시특례에 따라 지목이 변경된 경우 • 시·군·구청장이 임시특례규정 적용대상토지임을 확인하는 경우 ⇨ 불법형질변경토지 X (농지로 평가)

다. 폐기물이 매립된 토지, 토양오염물질에 토양오염이 된 토지

폐기물이 매립된 토지	토양오염물질에 토양오염이 된 토지

• 폐기물 매립 전 이용상황과 비슷한 표준지 기준
  + 해당 토지이용저해 정도를 고려
• 토지이용 저해정도가 경미한 경우: 개별요인 중
  기타조건으로 고려
• 토지이용 저해정도가 심한 경우: 자문 또는 용역에
  따른 비용을 개별요인 중 기타조건으로 고려
	• 오염 전 이용상황과 비슷한 표준지 기준
	  + 해당 토지이용저해 정도를 고려
	• 허용기준 이내인 경우: 개별요인 중 기타조건으로
	  고려
	• 토양정화 대상인 경우: 자문 또는 용역에 따른
	  비용을 개별요인 중 기타조건으로 고려

토지가액 < 폐기물 처리비용, 오염토양 정화비용: 실질적 가치가 없는 것으로 표시	
폐기물 + 토양오염물질 함께 고려	

라. 미지급용지(則25)

이용 상황	원칙	• 종전 공익사업 편입당시 이용상황 기준 • 비교표준지 선정: 종전 및 해당 공익사업에 따른 가격 변동이 포함되지 않은 표준지 • 종전 공익사업 편입당시 이용상황과 비슷한 이용상황의 표준지가 없어 인근지역의 표준적인 이용상황의 표준지를 선정한 경우: 형질변경비용 등 고려	
	예외	편입당시의 현실적인 이용상황을 알 수 없는 경우	편입당시 지목과 유사한 인근토지의 가격시점의 현실적 이용상황 참작
		현실적인 이용상황을 기준으로 감정평가하는 것이 유리한 경우	현실적 이용상황 기준
이용 상황 외	원칙	가격시점 기준	
	예외	종전 또는 해당 공익사업으로 변경된 경우: 변경 전 기준	

※ 이용상황에는 지목, 지형, 지세, 면적, 도로조건 등 포함
※ 이용상황 외: 공법상 제한, 주위환경, 공공시설과의 접근성 등
※ 미보상토지: 미지급용지 준용

마. 도로부지(則26)

① 판단기준, 평가기준

구분	판단기준	평가기준		
사도법상 사도부지	사도법에 따른 사도개설허가	인근토지 감정평가액 × 1/5 이내		
사실상 사도부지	㉠ 도로개설 당시의 토지소유자가 자기 토지의 편익을 위하여 스스로 설치한 도로 ㉡ 토지소유자가 그 의사에 의하여 타인의 통행을 제한할 수 없는 도로 ㉢ 건축법 제45조 규정에 의하여 건축허가권자가 그 위치를 지정·공고한 도로 ㉣ 도로개설 당시의 토지소유자가 대지 또는 공장용지 등을 조성하기 위하여 설치한 도로	인근토지 감정평가액 × 1/3 이내		
공도 등 부지	• 사도법상 사도부지, 사실상 사도부지 외의 도로 • ㉠ 도로법상 도로 ㉡ 도시·군계획 시설(도로) ㉢ 농어촌도로정비법상 농어촌 도로 등	표준적 이용상황	인근지역의 표준적인 이용상황 기준	
			전답임야인 경우: 인근지역의 표준적인 이용상황 기준 + 조성비상당액 고려(경지정리사업지구 안: 고려 X)	
			대인 경우: 인근지역의 표준적인 이용상황 기준	

※ 감가평가의 이론적 근거: 화체이론설 + 사용수익권 제한 가치설

② 구체적인 도로의 구분

㉠ 주위토지통행권에 의한 도로, 통행지역권에 의한 도로, 약정(사용대차, 임대차 등 채권계약)에 의한 도로: 사실상 사도

㉡ 자연발생적으로 형성된 도로: 관습상 통행권 인정 X ⇨ 사실상 사도 X(이용상황 고착, 원상회복 법률상·사실상 불가 등 엄격하게 제한)

㉢ 새마을도로: 사실상 사도

㉣ 건축선 후퇴로 인한 도로: 일시적 이용

㉤ 단지 내 도로: 도로 X

㉥ 예정공도부지(도시·군관리계획에 따른 도로 결정 후 도로로 이용): 공도부지 평가 준용

㉦ 공도부지가 도시·군계획시설(도로)로 결정될 당시 사실상 사도로서, 미지급용지에 해당하는 경우: 사실상 사도부지 평가 준용

㉧ 택지개발사업, 농지개량사업, 정주생활권개발사업, 농어촌정비사업 등 공익사업 시행으로 설치된 도로: 공도부지 평가 준용

③ 인근토지

        ⊙ 정의: 그 사도부지가 도로로 이용되지 아니하였을 경우 예상되는 인근지역에 있는 표준적인 이용상황의 토지로서 지리적으로 가까운 것

        ⓒ 인근토지의 도로조건: 인근토지의 감정평가액은 해당 도로가 개설된 상태 기준

바. 구거부지 등(則26)

구분	개념	평가기준		
구거부지	용수·배수를 위해 일정 형태를 갖춘 인공적인 수로·둑 및 그 부속시설물의 부지와 자연의 유수가 있거나 있을 것으로 예상되는 소규모 수로부지	인근토지 감정평가액 × 1/3 이내		
도수로부지 (+ 수도용지)	구거 중 관행용수권에 의해 농업용수·생활용수를 취수·인수하기 위해 인공적으로 조성된 것	원칙	인근지역의 표준적인 이용상황 기준	
			표준적 이용상황	전답임야인 경우: 인근지역의 표준적인 이용상황 기준 + 조성비상당액 고려(경지정리사업지구 안: 고려 X)
				대인 경우: 인근지역의 표준적인 이용상황 기준
		예외	가치의 화체가 인정되는 경우	구거부지 준용
			사실상 기능이 상실되었거나 용도폐지된 도수로	다른 용도로의 전환가능성, 전환 후 용도, 용도전환에 통상 필요한 비용 상당액 등 고려

사-1. 특별조치법에 따른 하천편입토지

가격시점	보상청구절차 통지일 또는 공고일	
이용상황	원칙	• 편입당시(하천구역으로 된 시점) 기준 • 편입시점 　㉠ 하천관리청 제시일 　㉡ 하천법 시행일(1971.7.19.) 전인 경우 　　ⓐ 하천구역공고일 　　ⓑ 공고 X or 불분명 시: 1971.7.19. • 하천공사에 따라 하천구역이 된 경우: 하천공사 시행 직전 이용상황 기준
	예외	편입당시 이용상황을 알 수 없는 경우 등: 가격시점 당시 현실적인 이용상황 기준 + '일정비율' 고려
공법상 제한	• 편입당시 기준(알 수 없는 경우: 가격시점 당시 기준 가능) • 하천구역에 따른 공법상 제한은 받지 아니한 상태 기준	

※ 일정비율표

이용상황별	구분	일정비율	
		도시지역 안	도시지역 밖
농경지(전, 답 등)		인근토지에 대한 적정가격의 2분의 1 이내	인근토지에 대한 적정가격의 10분의 7 이내
제방	제외지 측과 접한 부분이 농경지인 경우	인근토지에 대한 적정가격의 2분의 1 이내	인근토지에 대한 적정가격의 10분의 7 이내
	제외지 측과 접한 부분이 농경지가 아닌 경우	인근토지에 대한 적정가격의 4분의 1 이내	인근토지에 대한 적정가격의 3분의 1 이내
둔치		인근토지에 대한 적정가격의 4분의 1 이내	인근토지에 대한 적정가격의 3분의 1 이내
모래밭 · 개펄		인근토지에 대한 적정가격의 7분의 1 이내	인근토지에 대한 적정가격의 5분의 1 이내
물이 계속 흐르는 토지		인근토지에 대한 적정가격의 10분의 1 이내	인근토지에 대한 적정가격의 7분의 1 이내

※ 인근토지: 해당 토지가 하천구역으로 되지 아니하였을 경우에 예상되는 하천구역 밖 주변지역에 있는 표준적인 이용상황과 비슷한 것으로서 용도지역등이 같은 토지

사-2. 하천구역 관련 그 밖의 토지

특별조치법 외 하천구역 토지 중 미보상토지	• 특별조치법에 따른 하천편입토지 준용 • 하천공사로 하천구역 밖의 토지가 하천구역이 된 경우: 미지급용지 준용
하천구역 안 매수대상 토지	• 가격시점 당시 현실적인 이용상황 기준 • 하천구역에 따른 공법상 제한 고려 X • 하천공사로 현상변경이 이루어진 경우: 하천공사 시행 직전 이용상황 기준 + 미지급용지 준용 • '가격시점 당시 현실적인 이용상황 기준 + 일정비율 고려' 준용 가능

지방하천 하천구역 등 안 토지	• 지방하천 하천구역, 소하천구역 안 사유토지가 하천정비공사 등 공익사업에 편입된 경우: 하천구역 안 매수대상토지 준용
	• 소하천 외 소규모하천부지
	   ㉠ 하천구역 안 매수대상토지 준용
	   ㉡ 지목 하천이나 사실상 구거인 것: 구거부지 준용
	   ㉢ 하천 기능 상실, 용도폐지: 다른 용도로의 전환가능성, 전환 후 용도, 용도전환에 통상 필요한 비용 상당액 등 고려
	• '가격시점 당시 현실적인 이용상황 기준 + 일정비율 고려' 준용 가능

홍수관리구역 안 토지	• 가격시점 당시 현실적인 이용상황 기준 • 홍수관리구역에 따른 공법상 제한 고려 X

아-1. 저수지부지(+ 소류지, 호수, 연못)

원칙	비슷한 이용상황의 표준지 기준
비슷한 이용상황의 표준지가 없는 경우	인근지역의 표준적인 이용상황 기준
	전답임야인 경우: 인근지역의 표준적인 이용상황 기준 + 조성비상당액 고려(경지정리사업지구 안: 고려 X)
	대인 경우: 인근지역의 표준적인 이용상황 기준 + 환지비율 등 고려
사실상 기능 상실, 용도폐지	다른 용도로의 전환가능성, 전환 후 용도, 용도전환에 통상 필요한 비용 상당액 등 고려

아-2. 양어장시설 부지

평가기준	조성 전 토지의 적정가격 + 조성공사비, 성숙도 등(개별요인 비교, 시설물가액 제외)
사실상 기능 상실, 용도폐지	다른 용도로의 전환가능성, 전환 후 용도, 용도전환에 통상 필요한 비용 상당액 등 고려

자. 염전부지

원칙		• 비슷한 이용상황 표준지 기준 • 염 생산에 있어서 용도상 불가분의 관계에 있는 염전 · 유지 · 잡종지 · 구거 등 각 필지 전체 일단지
예외	개별 또는 구분 감정평가	① 염 생산용도로 이용되지 않고 방치된 부분, 제방시설부지, 불특정 다수 이용 도로 등 부지 ② 도로 · 구거 등 구분하여 의뢰되는 경우, 대상토지의 상황 등으로 보아 구분하여 감정평가하는 것이 타당한 경우 ③ 일부가 공익사업에 편입되는 경우로서 일단지로 평가하는 것이 타당하지 않은 경우
	인근지역 표준적 이용상황 or 전환 후 용도 기준 감정평가	• 비슷한 이용상황 표준지가 없는 경우, 사실상 기능 상실 · 용도폐지된 경우 • 다른 용도로의 전환가능성, 전환 후 용도, 용도전환에 통상 필요한 비용 상당액 등 고려(개별요인 비교)

차. 목장용지

① 초지법에 따라 허가받아 조성된 초지

원칙		비슷한 이용상황 표준지 기준
비슷한 이용상황 표준지 없는 경우	초지	조성 전 이용상황 기준 + 조성비 상당액
	주거용건물 부지	대
	축사 및 부대시설부지	조성 전 이용상황 기준 + 조성비 상당액 (적정하지 않은 경우 잡종지 평가 준용 가능)

② 그 외의 초지: 인근지역의 농경지 표준지 기준

카. 잡종지

원칙	비슷한 이용상황 표준지 기준
비슷한 이용상황 표준지 없는 경우	인근지역 표준적 이용상황 표준지 기준 + 용도전환 가능성, 전환 후 용도, 용도전환비용 등 고려(개별요인 비교)

타. 종교용지

원칙	잡종지 평가 준용 + 용도제한 · 거래제한 등 고려(개별요인 비교)
비슷한 이용상황 표준지 없는 경우	• 인근지역 표준적 이용상황 표준지 기준 • 농경 · 임야지대 소재하여 대상토지 가치가 표준적 이용상황 가치 대비 높은 경우: 조성 전 토지 적정가격 + 조성비, 성숙도 등(개별요인 비교, 시설물가액 제외)
전통사찰보존지 등 관계법령에 따라 지정 · 관리하는 종교용지	농경 · 임야지대 소재하여 대상토지 가치가 표준적 이용상황 가치 대비 높은 경우: 현실적인 이용상황 기준

파. 묘지

원칙	인근지역 표준적 이용상황 기준 + 분묘가 없는 상태 상정
공부상 묘지인 소규모 토지, 장사 등에 관한 법률에 따라 설치된 묘지	조성 전 토지 적정가격 + 조성비 등(개별요인 비교, 시설물가액 제외)

하. 전주 · 철탑 등의 설치를 위하여 소규모로 분할하여 취득하는 토지

설치부분의 위치 · 지형 · 지세 · 면적 · 이용상황 등 개별요인 기준(송전선로부지 부분 제외, 해당 토지 전체의 개별요인 기준 X)

꺄. 송전선로부지 등

원칙	지상공간 고압선 통과에 따른 제한을 받지 아니한 상태 기준
구분지상권 설정 시 (+ 도시철도, 송유관)	소유권 외 권리의 목적이 되고 있는 토지 평가 준용

따. 소유권 외의 권리의 목적이 되고 있는 토지(則29)

① 대상토지의 소유권 외 권리가 없는 상태의 가액 – 대상토지의 소유권 외 권리 가액

② 지하 또는 지상공간에 송유관 또는 송전선로 등이 시설되어 있으나 보상이 이루어지지 않은 토지: 시설물 없는 상태 기준

※ 토지소유자와 지상건축물의 소유자가 다른 경우
토지소유자와 주거용 건축물소유자가 다른 경우, 주거용 건축물의 비준가액과 적산가액의 차액을 소유권 외 권리로 보고, 토지가액에서 차감하여야 하는지 여부: 생활보상의 취지, 반사적 이익에 불과 ⇨ 소유권 외 권리 X, 차감 X

(3) 그 밖의 토지에 관한 감정평가

가. 개간비 등 (則27)

① 개간비

㉠ 보상요건

국유지, 공유지	사유지 X
적법한 개간 (예외: 95.1.7. 당시 공익사업시행지구 편입된 무허가개간토지)	• 허가 용도와 다른 용도로 개간: 보상 X • 허가 면적과 상이한 개간: 초과한 경우 허가면적만, 미달인 경우 개간면적만 보상
적법한 **계속 점**유 (예외: 상속인)	• 개간한 자가 개간 당시부터 보상 당시까지 적법하게 점유 • 점용기간 만료: 보상 X

※ 원상회복 또는 보상제한의 부관이 있는 경우: 보상대상 제외

㉡ 보상액 평가

원칙	가격시점 기준 개간에 통상 필요한 비용 상당액 (최대한도: 개간 후 토지가액 - 개간 전 토지가액)
예외	가격시점 기준 개간에 통상 필요한 비용 상당액을 알 수 없는 경우: 개간 후 토지가 액의 1/3, 1/5(녹지지역), 1/10(주상공) 이내

② 개간지: 개간 후 토지가액 – 개간비

나. 토지에 관한 소유권 외의 권리(則28)

원칙	거래사례비교법
양도성이 없는 경우	① 해당 권리의 유무에 따른 토지가액 **차**이로 감정평가하는 방법 ② 권리설정**계**약 기준으로 감정평가하는 방법 ③ 권리를 통해 획득할 수 있는 장래기대이익 **현**재가치로 감정평가하 는 방법
토지의 소유권 외의 권리가 구분지상권인 경우	토지가액 × 입체이용저해율 or 감가율

※ 권리별 보상평가

1. 지상권

평가	지료의 등기가 없는 경우	장래기대이익 현재가치로 평가: (시장지료 - 실제지료)의 지상권 존속기간 동안의 현재가치 합
평가 제외		① 지료의 등기가 있는 경우: 지료증감청구권 인정(시장지료와 실제지료의 차액 없음) ② 저당권에 부대하여 설정된 지상권: 저당권 소멸 시 존속기간 남았더라도 지상권 소멸 ③ 분묘기지권: 별도의 경제적 가치 X ④ 법정지상권: 지료청구소송 가능(시장지료와 실제지료의 차액 없음)

2. 구분지상권
   (1) 일반적인 구분지상권: 지상권 감정평가방법 준용

   (2) 토지가치의 일부로 보상한 구분지상권

방법	산식	장단점
거래사례 비교법	구분지상권 거래사례 × 사정보정 × 시점수정 × 가치형성요인 비교	• 장점: 시장성에 근거하여 가장 설득력 높음 • 단점: 구분지상권 거래사례 구득 곤란 문제
구분지상권 유무에 따른 토지가액 차이	구분지상권 미설정 토지가액 - 구분지상권 설정 토지가액	• 장점: 이론적으로 가장 타당한 방법 • 단점: 구분지상권 설정 토지의 거래사례 구득 곤란, 용익물권인 구분지상권 가치에 자본가치 변동이 반영되는 문제
권리설정계약 기준	기 지급 보상금액 + 구분지상권 경과연수 고려 or 시점수정	• 장점: 최근 설정된 구분지상권의 경우 타당 • 단점: 설정일로부터 장기간 경과된 경우, 일반적인 권리 감정평가방법과 괴리 문제
구분지상권의 장래기대이익 현재가치 (지료 차이 기준)	(시장지료 - 실제지료)의 구분지상권 존속기간 동안의 현재가치 합	• 장점: 이론적으로 타당한 방법 • 단점: 최근 설정된 구분지상권의 경우 가치가 0이 될 수 있는 문제점
가격시점의 구분지상권 가치 기준 (감가율법)	가격시점 토지가액 × 입이저 or 감가율	• 장점: 현업실무상 적용 용이 • 단점: 용익물권인 구분지상권 가치에 자본가치 변동이 반영되는 문제

   (3) 전세권: 전세금 증액 청구 인정으로 장래 기대이익 발생하지 않음. 감정평가 제외

   (4) 지역권
       가. 요역지 편입 시
           승역지에 지역권을 설정하고 편익을 받는 상태로 감정평가하고 지역권은 보상하지 않음
       나. 승역지 편입 시
           ① 지역권은 요역지의 권리이지 요역지 소유자의 권리가 아님: 지역권 감정평가 제외
           ② 다만, 요역지 소유자의 경우 통로·도랑·담장 등 공사가 필요한 경우 비용보상 청구 가능

   (5) 임차권
       ① 일반적인 임차권: 차임 증감 청구 가능으로 장래 기대이익 발생하지 않음 ⇨ 감정평가 제외
       ② 차임을 선납한 임차권: 토지가치 일부로 보상한 구분지상권 감정평가방법 준용

   (6) 담보물권: 채무자가 받을 보상금에 대하여 우선변제권 행사 가능으로 별도 보상하지 않음

다. 잔여지(法73, 74, 令39, 則32)

① 보상 종류 및 요건

보상 종류	보상 요건
잔여지 손실 및 공사비 보상	동일한 소유자 + 일단의 토지 일부가 취득 or 사용 + 잔여지 가격 감소 그 밖의 손실 발생 or 잔여지에 통로·도랑·담장 등의 신설이나 그 밖의 공사가 필요할 때
잔여지 매수·수용청구	동일한 소유자 + 일단의 토지 일부 매수 or 수용 + 잔여지를 종래의 목적에 사용하는 것이 현저히 곤란 ※ 종래의 목적에 사용하는 것이 현저히 곤란한 경우 ㉠ 대지: 면적 과소, 부정형 등 사유로 건축 불가, 곤란(건축법상 분할제한 면적 등 기준) ㉡ 농지: 농기계의 회전, 진입 곤란할 정도로 폭이 좁고 길게 남거나 부정형 등 사유로 영농 곤란 ㉢ 교통 두절로 사용, 경작 불가 ㉣ 그 밖에 종래 목적으로 사용이 현저히 곤란

② 평가기준

보상 종류	평가기준		적용 공시지가	공법상 제한·이용상황	특이사항
잔여지 손실 및 공사비 보상	잔여지 손실	편입 전 잔여지가액 (= 전체 토지가액 - 편입 토지가액)	편입토지 동일	편입토지 보상 당시	해당사업 개발이익·손실 배제
		- 편입 후 잔여지가액	편입토지 동일	편입토지 보상 당시	사업시행이익 상계금지, 사업손실 반영, 이용·교환가치 하락 반영
	공사비		시설의 설치, 공사에 통상 필요한 비용상당액		
	최대한도액		손실 + 공사비 ≦ 매수·수용청구 보상액		
잔여지 매수·수용청구보상	전체 토지가액		편입토지 동일	편입토지 보상 당시	해당사업 개발이익·손실 배제
	- 편입 토지가액		편입토지 동일	편입토지 보상 당시	

※ 가격시점: 잔여지 손실액의 협의·재결하는 시점 / 잔여지를 협의·수용하는 시점

라. 환매토지

① 환매금액 결정 기준

• 지가가 현저히 변동하지 않은 경우 • 환매당시 가액 ≤ 지급보상금 × (1 + 인근 유사토지 지가변동률)	지급보상금
• 지가가 현저히 변동한 경우 • 환매당시 가액 > 지급보상금 × (1 + 인근 유사토지 지가변동률)	지급보상금 + [환매당시 가액 - 지급보상금 × (1 + 인근유사토지 지가변동률)]

※ 지급보상금: 소유권 이외의 권리 보상액 포함 / 정착물의 보상액 미포함
※ '지급보상금 > 환매당시 가액'인 경우: 환매당시 가액 상한

② 환매당시의 가액

적용공시지가	환매당시에 가장 가까운 시점
해당 공익사업에 따른 공법상 제한, 가격 변동	• 고려 ○ • 사업 폐지 · 변경 등으로 공법상 제한, 가격변동이 없어지는 경우: 고려 ×
이용상황 등	• 환매당시 기준, 해당 사업으로 형질변경 등 이루어진 경우 형질변경 등 된 상태 기준 • 원상회복 전제 등 의뢰인의 다른 조건 제시 시에는 그에 따름
환매토지가 다른 공익사업에 편입되는 경우	비교표준지 선정, 적용공시지가 선택, 지가변동률 적용 등 감정평가기준은 다른 공익사업에 편입되는 경우와 동일

③ 인근 유사토지의 지가변동률

인근 유사토지의 지가변동률	표본지의 환매당시 가액 ÷ 표본지의 취득당시 가액
표본지 요건	㉠ 인근지역 내 지목, 이용상황 등이 동일 · 유사한 표준지 ㉡ 해당 공익사업과 무관할 것 ㉢ 환매토지가 취득 이후 환매당시까지 해당 공익사업과 직접 관계없이 용도지역등이 변경된 경우에는 그 용도지역등의 변경 과정이 동일 · 유사할 것
표본지의 환매당시 가액	• 환매당시 연도 표준지공시지가 + (환매당시 다음연도 표준지공시지가 - 환매당시 연도 표준지공시지가) × 환매시점까지 일수 / 해당연도 총일수 • 환매당시 다음연도 표준지공시지가가 없는 경우: 환매당시 연도 표준지공시지가 × 가격시점까지 지가변동률
표본지의 취득당시 가액	취득당시 연도 표준지공시지가 + (취득당시 다음연도 표준지 공시지가 - 취득당시 연도 표준지공시지가) × 취득시점까지 일수 / 해당연도 총일수

마. 공익사업시행지구 밖 대지 등
　① 일반적 기준
　　㉠ 비교표준지 선정, 적용공시지가 선택, 지가변동률 적용, 그 밖의 감정평가기준은 해당 공익사업에 편입되는 경우와 동일
　　㉡ 공법상 제한, 이용상황 등이 해당 공익사업으로 변경, 변동된 경우와 통로·도랑·담장 등의 신설, 그 밖에 공사가 필요하여 해당 토지의 가치가 변동된 경우: 고려 X
　② 대지 등(則59)

보상대상	대지, 건축물, 분묘, 농지(조성된 유실수단지, 죽림단지 포함)
보상요건	공익사업 시행으로 산지나 하천 등에 둘러싸여 교통 두절, 경작 불가능
보상액	㉠ 편입보상 ㉡ 편입보상액 > 도로·도선시설 설치비 ⇨ 도로·도선시설 설치로 보상 갈음 가능

　③ 소수잔존자(則61)

보상대상	토지 등
보상요건	1개 마을 주거용 건축물 대부분 편입으로 잔여 주거용 건축물 거주자의 생활환경이 현저히 불편하게 되어 이주가 부득이한 경우
보상액	편입보상

3. 사용하는 토지의 보상평가

(1) 토지사용 보상평가(則30)

원칙	임대사례비교법
예외	적산법
	① 적절한 임대사례가 없는 경우
	② 대상토지의 특성으로 임대사례비교법 부적절
	③ 미지급용지 사용료 감정평가

(2) 지하 · 지상공간의 사용에 대한 보상평가(則31)

가. 감정평가방법

한시적 사용	사용료 감정평가액 × 입체이용저해율
영구적 사용 (구분지상권, 임대차 설정)	토지 감정평가액 × 입체이용저해율

※ 전기사업법에 의해 지상 · 지하공간을 사용하는 경우의 특례

구분	사용기간	보상금액 산정 기준
지상공간의 사용	송전선로 존속하는 기간까지 사용	토지의 단위면적당 적정가격 × 지상 공간의 사용면적 × (입체이용저해율 + 추가보정률)
	한시적 사용	토지의 단위면적당 사용료 × 지상 공간의 사용면적 × (입체이용저해율 + 추가보정률)
지하공간의 사용	송전선로 존속하는 기간까지 사용	토지의 단위면적당 적정가격 × 지하 공간의 사용면적 × 입체이용저해율

※ 한계심도 초과 지하공간 사용 시: 토지의 단위면적당 적정가격 × 적용률

토피	한계심도초과		
	20미터 이내	20미터 ~ 40미터	40미터 이상
적용률(퍼센트)	1.0 ~ 0.5	0.5 ~ 0.2	0.2 이하

※ 시가지의 구분

구분	고층시가지	중층시가지	저층시가지	주택지	농지 · 임지
최유효이용 층수	16층 이상	11 ~ 15층	4 ~ 10층	3층 이하	–
한계심도	40m	35m	30m	30m	20m

나. 입체이용저해율

① 나지 또는 나지에 준하는 경우

입체 이용저해율	건축물 등 이용저해율 + 지하부분 이용저해율 + 그 밖의 이용저해율		
건축물 등 이용저해율	건축물 등 이용률 × $\dfrac{\text{저해층수 층별효용비율 합계}}{\text{최유효이용층수 층별효용비율 합계}}$ ㉠ 저해층수 = 최유효이용층수 - 건축가능층수 ㉡ 건축가능층수		
	도시철도법	토피(지하시설물 최상단에서 지표까지의 수직거리, 보호층 포함) 기준 판단	
	전기사업법	• '[통과 높이 - (3m + 추가이격거리)] ÷ 층별 높이' 로 판단 • 추가이격거리 = 택지 및 택지예정지로서, '[(해당 사업v - 35,000v)/10,000v] × 0.15m'로 산정	
지하부분 이용저해율	지하이용률 × 심도별지하이용효율		
그 밖의 이용저해율	그 밖의 이용률 × 지상 또는 지하 배분율		

② 최유효이용 또는 최유효이용에 준하는 건축물이 소재하는 경우

입체이용저해율 = (건축물 등 이용저해율 + 지하부분 이용저해율) × 노후율 + 그 밖의 이용저해율

※ 노후율 = 해당 건축물의 유효경과연수 ÷ 해당 건축물의 경제적 내용연수

다. 지상, 지하공간 사용면적

도시철도법	제시
전기사업법	① (송전선 간 거리 + 3m × 2) × 토지의 가로 or 세로 ② 택지 및 택지예정지 + 저해층수 발생 시: [송전선 간 거리 + (3m + 추가이격거리) × 2] × 토지의 가로 or 세로

(3) 송·변전설비 주변지역의 보상 및 지원에 관한 법률(송주법)에 따른 보상평가

가. 보상범위

구분	전압(kv)	주변지역 범위		
재산적 보상	765	송전선로 최외선 기준	좌우	33m
	500			20m
	345			13m
주택매수청구	765			180m
	500			100m
	345			60m

나. 재산적 보상

적정가격(해당사업 영향 X) × 감가율 × 면적(송전선로부지 면적 제외) ≤ 송전선로부지 사용 보상액

다. 주택매수청구

① 매수청구금액: 토지 및 주택 감정평가액

② 송전선로부지·재산적 보상 금액 제외

③ 대지의 일부만 범위 포함 시: 추가 확장면적 고려

④ 주택최저보상액 600만원, 무허가건축물등 보상제외(89.1.24. 이전은 보상), 가설건축물 보상 제외

⑤ 매수청구 인정 시 주거이전비, 이사비 포함

2 건축물 등 물건의 보상평가

1. 보상액 평가기준(法75①)

원칙	이전비(시설개선비 제외)
예외	물건의 가격
	① 이전 불가, 이전 시 종래 목적대로 사용할 수 없는 경우(어)
	② 이전비 > 물건의 가격(넘)
	③ 사업시행자가 공익사업에 사용할 목적으로 취득하는 경우(직)

2. 건축물의 물건의 가격 평가(則33②)

원칙	원가법
예외	거래사례비교법
	① 주거용 건축물: 비준가액 > 적산가액
	② 구분소유 부동산

※ 무허가건축물 보상대상 여부: (法25, 판례) 사업인정고시일(행위제한일) 전 건축 시 보상 O(89.1.24. X)

3. 잔여건축물 보상(法75의2, 則35)

가격 감소분 + 보수비	가격 감소분	• 편입 전 잔여건축물 가액 - 편입 후 잔여건축물 가액
		• 해당사업으로 인한 가격변동 배제
	보수비	시설개선비 제외
	최대한도액	잔여건축물 가액
매수 or 수용청구		• 종래 목적으로 사용이 현저히 곤란 시
		• 잔여건축물 가액

4. 공작물 등(則36)

(1) 건축물 평가 준용

(2) 평가 제외

    ① 용도폐지, 기능상실로 경제적 가치 X

    ② 토지등의 가치에 충분히 반영

    ③ 대체시설 설치 시

5. 수목(則37)

과수	이식가능	결실기 ○	이식적기	이전비 + 고손액 + 감수액
			이식부적기	이전비 + 고손액 × 2 + 감수액
		결실기 X	이식적기	이전비 + 고손액
			이식부적기	이전비 + 고손액 × 2
	이식불가능	거래사례 ○	-	거래사례비교법
		거래사례 X	결실기 ○	수익성 등 고려한 가액
			결실기 X	가격시점 소요비용 현가액
과수 외 수익수, 관상수	과수 준용, 관상수는 감수액 미고려			

※ 이식가능·불가능은 수령으로 판단

※ 고손액 = 주당가격 × 고손율

감수액 = 주당수익 × (1 − 고손율) × 감수율(220%)

6. 묘목(則38)

파종, 발아 중	가격시점 소요비용 현가액
상품화 곤란	이전비 + 고손율(1% 미만, 계절 등 고려 2%까지 가능)
상품화 가능	보상 X / 일시매각으로 인한 가격하락은 보상

7. 입목(則39)

벌기령 (기준벌기령의 90% 이상)	• 보상 X • 일시 벌채로 인한 비용 증가, 일시매각으로 인한 가격하락은 보상	
벌기령에 달하지 않은 경우	시장거래 ○	인근시장 거래가격 - 벌채비용 - 운반비
	시장거래 X	가격시점 소요비용 현가액

8. 농작물(則41)

보상요건	농작물 수확 전 토지사용만 보상	
보상액	파종, 발아기, 묘포	가격시점 소요비용 현가액
	그 외의 경우	예상총수입 현가액(최근 3년간 풍흉작 제외 평균총수입) - 장래투하비용 현가액(자가노력비 포함) - 상품화가능가격

9. 분묘(則42)

유연단장	① 분묘이전비: 4분판 1매, 마포 24m, 전지 5권의 가격, 제례비 2회, 인부임금 5인, 운구차량비 ② 석물이전비: 상석 및 비석 등의 이전실비(좌향이 표시 등 이전사용 불가능한 경우 제작 · 운반비) ③ 잡비: (분묘이전비 + 석물이전비) × 30% ④ 이전보조비: 100만원	
	임금 5인분	• 공사부문 보통인부 4인, 염사 1인 • 도서벽지, 산간오지인 경우 50% 가산
유연합장	(사 · 마 · 전 · 례 · 부) × 0.5 × (사체 수 - 1) 가산	
무연	이전보조비 제외한 유연단장보상액의 50% 이내	

10. 공익사업시행지구 밖 보상(則60)

대상	요건	보상액
건축물 (건축물 대지, 잔여 농지 포함)	소유농지 대부분 편입 + 건축물만 사업지구 밖 소재 + 건축물 매매 불가능 + 이주 부득이	편입보상액과 동일
공작물 등	공익사업 시행으로 본래의 기능을 다할 수 없는 경우	

❸ 어업손실의 보상평가(則44, 수산업법 시행령 별표10)

1. 어업의 구분

면허어업(어업권)	양식어업, 정치망어업, 마을어업, 공동어업
허가어업	연안어업, 근해어업, 구획어업, 자망어업, 종묘채포어업, 연승어업, 패류채취어업, 낭장망어업, 각망어업
신고어업	맨손어업, 투망어업, 나잠어업, 어살어업, 통발어업, 외줄낚시어업

2. 보상액 평가 산식

(1) 면허어업

취소(소멸)	평년수익액 ÷ 0.12 + 어선 · 어구 · 시설물 잔존가액
정지(취소 시 이전가능한 경우)	평년수익액 × 정지기간 + 시설물 · 양식물 이전 · 수거비 + 고정적 경비 ≦ 취소 시 보상액
제한(부분손실)	평년수익액에 제한기간, 제한 정도 고려 ≦ 취소 시 보상액

(2) 허가 · 신고어업

취소(폐지)	평년수익액 × 3년 + 어선 · 어구 · 시설물 잔존가액
정지(취소 시 이전가능한 경우)	평년수익액 × 정지 · 계류기간 + 고정적 경비 ≦ 취소 시 보상액
제한(부분손실)	제한기간, 제한 정도 고려 ≦ 취소 시 보상액

(3) 무허가 등 어업 손실보상

도시근로자 3인가구 가계지출비 × 3月 + 이전비 등

3. 평년수익액

평년수익액		평균 연간어획량 × 평균 연간판매단가 - 평년어업경비
평균 연간어획량	어획실적 3년 이상	처분일 전년도 소급 3년 평균(전년도 대비 1.5배 이상 변동 연도, 어획실적 없는 연도 제외)
	어획실적 3년 미만	해당 어장 실적기간 중 어획량 × $\dfrac{\text{인근동종어장 3년 평균 어획량}}{\text{인근동종어장 실적기간 중 어획량}}$
		해당 어업 실적기간 중 어획량 × $\dfrac{\text{동일규모동종어업 3년 평균 어획량}}{\text{동일규모동종어업 실적기간 중 어획량}}$
평균 연간판매단가		① 가격시점으로부터 1년 소급 평균 ② 전년도 대비 1.5배 이상 변동 시: 1년 재소급 평균 판매단가 × 1년 동안 전국 평균 변동률
평년어업경비		• 자가노력비 포함: 본인 외의 현실인건비 적용, 없으면 제조부문 보통인부 임금단가 • 감가상각비 포함: 정액법

4. 어선 · 어구 · 시설물 잔존가액

① 보상신청 시에만 평가 포함
② 감평법상 방법, 기준으로 평가
　　예 어선(선박): 원가법 · 정률법 적용

4 영업손실의 보상평가

1. 보상대상영업(則45, 52)

일반 요건	사업인정고시일등 전 + 적법한 장소 + 인적 · 물적시설 + 계속적으로 행하고 있는 영업 영업에 허가등 필요로 하는 경우 사업인정고시일등 전 허가등을 받아 그 내용대로 행하고 있는 영업
임차인영업 특례 (적법장소 예외)	무허가건축물등 + 임차인 + 사업인정고시일등 1년 전 + 사업자등록
무허가영업 특례 (적법영업 예외)	허가등 X

2. 영업손실보상 종류 및 보상액 평가 기준

(1) 폐업보상(則46)

가. 요건

① 영업장소 · 背후지의 특수성으로 다른 장소로 이전하여 영업할 수 없는 경우

② 다른 장소에서는 許가등을 받을 수 없는 경우

③ 嫌오감을 주는 시설로 다른 장소로 이전이 현저히 곤란하다고 시 · 군 · 구청장이 객관적 사실에 근거하여 인정하는 경우

나. 평가기준

평가 기준	일반	영업이익 × 2년 + 매각손실액	
	임차인영업 특례	1천만원 한도 영업이익 + 매각손실액	
영업 이익	• 최근 3년 평균 영업이익(해당사업으로 영업이익 감소 시 공고 · 고시 이전 기준) • 개인영업의 경우 자가노력비 포함(비용에 계상하지 아니함) • 최저한도액(개인영업): 제조부문 보통인부 임금단가 × 25일 × 12월 × 2년		
매각 손실액	영업용 고정자산	분리매각 가능	적산가액 - 매각가능가격 or 적산가액 × 0.6 이내
		분리매각 불가능	적산가액 - 해체처분가액
	원재료 · 제품 등	• 현재가액 - 처분가액 • 처분가액 산정 곤란 시 - 제품 · 상품 + 수요성 ○: 현재가액 × 0.2 이내 - 제품 · 상품 + 수요성 X: 현재가액 × 0.5 이내 - 반제품 · 재공품 · 저장품: 현재가액 × 0.6 이내 - 원재료 + 신품: 현재가액 × 0.2 이내 - 원재료 + 사용 중: 현재가액 × 0.5 이내	

(2) 휴업보상(則47)

    가. 요건: 보상대상영업 ○ & 폐업보상요건 ✕

    나. 평가기준

      ① 영업장소 이전

평가 기준	일반	영업이익 × 휴업기간 + 영업이익 감소액 + 고정적 비용 + 이전비 · 감손상당액 + 부대비용
	임차인영업 특례	1천만원 한도 영 · 감 · 고 · 부 + 이전비 · 감손상당액
휴업 기간	4개월 이내 원칙	
	실제휴업기간 ≦ 2년	㉠ 해당사업을 위한 영업금지 · 제한으로 4개월 이상 영업을 할 수 없는 경우 ㉡ 해당영업의 고유한 특수성으로 4개월 이내 이전곤란이 객관적 으로 인정되는 경우
영업 이익	• 최근 3년 평균 영업이익(해당사업으로 영업이익 감소 시 공고 · 고시 이전 기준) • 개인영업의 경우 자가노력비 포함(비용에 계상하지 아니함) • 최저한도액(개인영업): 도시근로자 3인가구 월평균 가계지출비 4개월분	
영업이익 감소액	(영업이익 × 휴업기간) × 0.2 ≦ 1천만원	
고정적 비용	• 인건비: 휴업기간 동안 정상적으로 근무해야 할 최소인원 (소득세원천징수 + 보상계획공고일 현재 3개월 이상 근무) • 제세공과금: 소득세, 법인세 ✕ • 감가상각비: 취득보상 시 제외 • 기타 비용 • 광고선전비 • 보험료 • 임차료	
이전비	시설개선비 제외, 이전비 ≦ 물건가액	
감손 상당액	현재가액 - 이전 후 가액 / 현재가액 × 0.1 이내	
부대비용	이전광고비, 개업비 등	

※ 보상 요건별 보상 범위

보상 요건		보상 범위		
장소의 적법성	영업의 적법성	영업이익 + 영업이익 감소액 + 고정적 비용 + 부대비용	도시근로자 3인가구 3월분 가계지출비	이전비 + 감손상당액
적법 (89.1.24. 이전 무허가 포함)	적법 (자유업 포함)	○	-	○
적법	불법	×	○	○
불법	적법	소유자(×) 임차인(○)	-	○
불법	불법	×	×	○
보상당시 휴업 중인 영업		×	×	○
사업인정고시일등 이후 영업		×	×	×(or ○)

② 일부 편입

영업이익 × 설치·보수기간 + 고정적 비용 + 설치·보수비 + 매각손실액 ≦ 영업장소 이전 보상액

③ 임시영업소 설치

임차 시	임차료 × 임시영업기간 + 임차 부대비용 + 이전비·감손상당액 + 기타 부대비용
가설 시	지료 × 임시영업기간 + 임차 부대비용 + 임시영업소 신축비, 해체·철거비 + 이전비·감손상당액 + 기타 부대비용
최대한도액	영업장소 이전 보상액

(3) 공익사업시행지구 밖 영업손실보상(則64)

보상요건	① 편입보상 요건 충족 전제 ② 배후지 2/3 이상 상실로 영업 지속 불가 or 진출입로의 단절 등 일정기간 휴업 불가피
보상액	편입보상액과 동일

5 축산업, 잠업의 보상평가

1. 축산업손실(則49)

(1) 보상요건: 영업손실보상 요건 + 축산업손실보상 요건

영업손실보상 요건	영업손실보상 규정 준용
축산업손실보상 요건	축산법에 따라 등록한 종축업·부화업·정액등처리업·가축사육업
	or 가축별 기준마리수 이상
	or 가축별 기준마리수 미만 + 가축별 기준마리수에 대한 실제 사육마리수의 비율의 합계가 1 이상

(2) 보상액 산정 기준

① 영업손실보상 준용

② 최저영업이익, 영업이익 감소액 준용 X

③ 이전비에 이전으로 인한 체중감소·산란율저하 및 유산 등 손실 포함

2. 잠업손실(則50)

영업손실보상 규정 준용 + 최저영업이익, 영업이익 감소액 준용 X

6 농업손실의 보상(則48)

1. 보상요건

(1) 물적 범위

보상대상	농지(농지법 제2조 제1호 가목 및 농지법 시행령 제2조 제3항 제2호 가목)
보상제외	① **사**업인정고시일등 이후부터 농지로 이용 ② 토지이용계획 · 주위환경 등으로 보아 **일**시적으로 농지로 이용 ③ **타**인소유 토지를 불법으로 점유 · 경작 ④ **농**민이 아닌 자가 경작 ⑤ 토지취득**보**상 이후 사업시행자가 2년 이상 계속하여 경작 허용

(2) 인적 범위

자경농지 ○	농지소유자에게 보상				
자경농지 X	농지소유자가 해당지역 거주	협의 성립	협의 내용에 따라 보상		
		협의 불성립	실제소득 입증 X	각각 50% 보상	
			실제소득 입증 ○	소유자	도별 총수입 기준 보상액의 50%
				실제 경작자	실제소득 기준 보상액 - 도별 총수입 기준 보상액의 50%
	실제 경작자가 협의 · 재결 당시 경작 X	농지소유자에게 보상			
	미거주	실제경작자에게 보상			

2. 보상액 산정 기준

실제소득 입증 X	도별 연간 농가평균 단위경작면적당 농작물총수입의 직전 3년간 평균 × 2년 × 편입농지면적	
	서울 · 인천 : 경기 / 대전 : 충남 / 광주 : 전남 / 대구 : 경북 / 부산 · 울산 : 경남	
실제소득 입증 ○	일반	단위경작면적당 3년간 실제소득 평균 × 2년 × 편입 농지면적
	실제소득이 작목별 평균소득 2배 초과 시 (다른 배수 예외 있음)	해당 작목별 단위경작면적당 평균생산량 2배의 판매 금액 × 소득률 × 2년 × 편입농지면적
	지력 미이용 + 이전하여 영농 계속 가능 시 (원목 버섯, 화분 화훼, 트레이 육묘)	단위경작면적당 실제소득 × 4월 × 편입농지면적

※ 연간 단위경작면적당 실제소득 = 농작물 총수입 ÷ 경작농지 전체면적 × 소득률

※ 농작물 총수입: 편입농지와 동일 농작물을 재배한 경작농지 총수입으로서, 사업인정고시일등 이전 3년간의 연간평균총수입

3. 공익사업시행지구 밖 농업손실보상(則65)

보상요건	경작농지 2/3 이상 면적이 편입 + 당해지역 영농 지속 불가
보상액	편입보상액과 동일
보상대상자	실제 경작자만 보상

4. 농기구 매각손실액

보상요건	농지의 2/3 이상 편입 + 영농불가(특정 작목을 위한 농기구는 면적 요건 불요)	
보상액	원칙	매각손실액
	매각손실액 평가 곤란 시	적산가액 × 60% 이내

7 휴직, 실직에 대한 보상(則51)

보상대상	사업인정고시일등 당시 3개월 이상 근무 + 소득세원천징수자
휴직보상	평균임금 × 휴직일수(120일 이내) × 0.7 ≦ 통상임금
실직보상	평균임금 × 120일

8 생활보상

1. 이주정착금(則53)

(1) 보상요건

이주대책 수립 · 실시요건 (이주대책대상자)	대상자 ○	공익사업의 시행으로 인하여 주거용 건축물을 제공함에 따라 생활의 근거를 상실하게 되는 자
	대상자 X	① 무허가건축물등 소유자 ② 관계법령 고시일 ~ 계약체결일 또는 수용재결일 계속 거주 X ③ 세입자
	이주대책 수립 · 실시 X	① 사업지구 인근에 택지 조성에 적합한 토지 X ② 비용 초과 등 이주대책 수립 · 실시로 공익사업시행이 사실상 곤란 ③ 이주희망가구 수 10호 미만
이주정착금 지급요건		이주대책대상자가 이주정착지가 아닌 다른 지역으로 이주하려는 경우
		이주대책대상자가 관계법령 고시일 1년 전부터 계약체결일 또는 수용재결일까지 계속하여 해당 건축물에 거주 X
		이주대책대상자가 관계 법령 고시일 당시 다음의 어느 하나에 해당하는 기관 · 업체에 소속되어 있거나 퇴직한 날부터 3년이 경과하지 않은 경우 ① 국토교통부 ② 사업시행자 ③ 법 제21조 제2항에 따라 협의하거나 의견을 들어야 하는 공익사업의 허가 · 인가 · 승인 등 기관 ④ 공익사업을 위한 관계 법령에 따른 고시 등이 있기 전에 관계 법령에 따라 실시한 협의, 의견청취 등의 대상자였던 중앙행정기관, 지방자치단체, 공공기관의 운영에 관한 법률 제4조에 따른 공공기관 및 지방공기업법에 따른 지방공기업

(2) 보상액 산정 기준

12백만 ≦ 주거용 건축물가액 × 30% ≦ 24백만

2. 주거이전비(則54)

(1) 보상요건 및 보상액 산정 기준

주거용 건축물 소유자		주거용 건축물 세입자	
보상 제외	보상액	보상 제외	보상액
미거주, 무허가	2개월분	관계법령 고시일 당시 3개월 미만 거주	4개월분
		무허가건축물등: 관계법령 고시일 당시 1년 미만 거주	

(2) 주거이전비 산정

① 도시근로자가구 가구원수별 월평균 명목 가계지출비(농림어가 포함)

② 5인까지: 가구원수별 가계지출비 적용

③ 6인 이상: 5인 기준 가계지출비 + 1인당 평균비용 × 5인 초과 가구원수

④ 1인당 평균비용 = (5인 가계지출비 − 2인 가계지출비) ÷ 3

3. 동산이전비, 이사비(則55)

구분	보상요건	보상액
동산이전비	토지등의 취득 또는 사용에 따른 동산의 이전	이전비 + 감손상당액
이사비	사업 편입 주거용 건축물 거주자 + 해당 공익사업시행지구 밖으로 이사	별표4에 따른 이사비

4. 이농비, 이어비(則56)

(1) 보상요건

요건	공익사업시행으로 농업 · 어업 영위 불가로 다른 지역으로 이주하는 농민 · 어민
다른 지역	편입농지 소재지(농민), 주소지(어민)와 동일한 시 · 군 · 구 및 인접 시 · 군 · 구 외의 지역
농민	농지법상 농업인으로서, 농작물 경작 또는 다년생식물 재배에 상시 종사 or 농작업 2분의 1 이상을 자기노동력으로 경작 또는 재배
어민	연간 200일 이상 어업 종사

(2) 보상액 산정 기준

보상금이 없는 경우	가구원수에 따른 1년분의 평균생계비
보상금 총액이 가구원수에 따른 1년분의 평균생계비에 미치지 못하는 경우	가구원수에 따른 1년분의 평균생계비 - 보상금 총액

※ 가구원수에 따른 1년분의 평균생계비 = 연간 전국평균 가계지출비 ÷ 가구당 전국평균 농가인구 × 이주가구원수

5. 사업폐지 등에 대한 보상(則57)

보상요건	공익사업 시행으로 건축허가 등 절차를 진행 중이던 사업 등이 폐지·변경·중지된 경우
보상액	사업 등에 소요된 법정수수료, 그 밖의 비용 등 손실

6. 주거용 건축물 보상특례(則58①)

주거용 건축물 보상액 최저한도액: 6백만원 / 89.1.24. 후 무허가건축물등 제외

7. 재편입가산금(則58②, ③)

보상요건	20년 이내 주거용 건축물 재편입	
보상제외	무허가건축물등, 관계법령 고시일 이후 매입·건축	
보상액	토지·건축물 보상 시	주거용 토·건 가액 × 30% ≦ 1천만
	건축물만 보상 & 토·건 가액 × 30% ≧ 1천만	$1천만원 \times \left(1 - \dfrac{토지가액}{토 \cdot 건\ 가액\ 합계}\right)$

MEMO

MEMO

MEMO

여지훈 |

약력

연세대학교 법학학사

현 | 세경 감정평가법인㈜ 대표이사
현 | 서울특별시 민간투자사업 평가위원
현 | 해커스 감정평가사 감정평가실무 전임 교수
전 | 한국부동산원 서울중부지사 부동산공시처 및 타당성심사처 등
전 | 감정평가법인 공감 본사 이사, 경인지사장
전 | 표준지공시지가, 표준주택가격, 공동주택가격 검수 및 심의위원

저서

해커스 감정평가사 여지훈 감정평가실무 2차 기본서
해커스 감정평가사 여지훈 감정평가실무 2차 핵심요약집
해커스 감정평가사 여지훈 감정평가실무 2차 문제집 초급
PASS 감정평가실무 이론편(리북스)
PASS 감정평가실무 이론편 핸드북(리북스)
PASS 감정평가실무 기출편(리북스)
PASS 감정평가실무 문제편 초급(리북스)
PASS 감정평가실무 문제편 중급(리북스)
PASS 감정평가실무 문제편 고급(리북스)
비상 감정평가사 법전(좋은책)

2026 대비 최신판

해커스 감정평가사

여지훈 감정평가실무 2차 핵심요약집

초판 1쇄 발행 2025년 3월 27일

지은이	여지훈 편저
펴낸곳	해커스패스
펴낸이	해커스 감정평가사 출판팀

주소	서울특별시 강남구 강남대로 428 해커스 감정평가사
고객센터	1588-2332
교재 관련 문의	publishing@hackers.com
	해커스 감정평가사 사이트(ca.Hackers.com) 1:1 고객센터
학원 강의 및 동영상강의	ca.Hackers.com

ISBN	979-11-7244-875-2 (13360)
Serial Number	01-01-01

저작권자 ⓒ 2025, 여지훈

한 번에 합격!
해커스 감정평가사 ca.Hackers.com

해커스 감정평가사

• 여지훈 교수님의 **본 교재 인강**(교재 내 할인쿠폰 수록)
• 해커스 스타강사의 **감정평가사 무료 특강**